sulle orme
della storia

GIULIO SAPELLI

LA COOPERAZIONE:
IMPRESA E MOVIMENTO SOCIALE

PREMESSA DI
GIUSEPPE DE LUCIA LUMENO

goWare

L'ebook è molto di +
Seguici su facebook, twitter, ebook extra

© 2015 goWare, Firenze

ISBN 978-88-6797-350-7

Copertina: Lorenzo Puliti

goWare è una startup fiorentina specializzata in digital publishing

Fateci avere i vostri commenti a: info@goware-apps.it

Blogger e giornalisti possono richiedere una copia saggio
a Maria Ranieri: mari@goware-apps.com

PREFAZIONE

È poco usuale in occasione di una prefazione ringraziare esplicitamente l'autore del libro.

Nel mio caso invece è quasi d'obbligo perché oltre all'amicizia che mi lega a Giulio Sapelli con questo volume mi dà la possibilità di parlare e di approfondire i temi della cooperazione *tout court* e specificatamente della cooperazione bancaria.

Quando ho letto per la prima volta il libro di Sapelli ne ho tratto una grande impressione, che poi si è rafforzata rileggendo più volte il volume.

Ho subito avuto la sensazione che si affrontassero tematiche comuni anche al dibattito del nostro mondo delle banche popolari. Ho avuto la percezione che Sapelli stesse parlando di noi, non di qualcosa di altro e di diverso.

Ovviamente i rapporti tra le banche popolari e le altre cooperative non sono scontati; qualcuno, anche nel mondo delle banche popolari, vive la forma cooperativa in modo non positivo, lo considera spesso un limite, una sorta di retaggio, di tassa del passato, una veste magari comoda per evitare di essere contendibile, ma scomoda a tutti gli altri effetti della gestione dell'impresa e della società.

D'altra parte, nel mondo della cooperazione in senso stretto spesso si guarda con un certo fastidio al mondo delle banche popolari.

Le si considerano qualcosa di ontologicamente diverso, non cooperazione autentica, un qualcosa che riguarda qualche fortunato signore che siede in questi consigli ma che, di fatto, non ha a che fare con la realtà della cooperazione. Questi atteggiamenti, oltre che confutabili sotto tanti profili tecnico-scientifici, mi sembrano miopi dal punto di vista dell'atteggiamento politico.

Una delle molte affermazioni di Sapelli che mi hanno colpito è quella in cui dice che il mondo della cooperazione oggi è più solo, a fronte del mondo non cooperativo. Questa sensazione di solitudine, di incapacità addirittura a essere compresi, conosciuti, capiti da quello che cooperazione non è, o che non è credito popolare nel nostro caso, è piuttosto diffusa.

Mi chiedo se possiamo in qualche modo permetterci, nell'ambito del mondo delle banche popolari, di ignorare o di vivere questa nostra matrice cooperativa come una forza e, nel contempo, se il mondo della cooperazione nel nostro Paese possa pensare che sia indifferente annoverare al proprio interno una realtà che oggi copre oltre un quarto del sistema bancario italiano; quasi che ampliare il perimetro della cooperazione e sentirla come parte integrante e vitale del movimento cooperativo non sia un fatto importante, importantissimo a mio avviso, per promuovere interessi comuni.

Nel cercare di definire il rapporto tra banche popolari e cooperative *tout court* credo si debba fare molta attenzione al dato storico: come sono nate queste due forme di impresa, sia nel settore del credito sia negli altri settori. Certamente c'è una matrice comune, anche se, per così dire, non strettamente politica, perché le banche popolari nascono in Italia, grazie a Luzzatti, con una matrice sostanzialmente liberale, diversa rispetto alla matrice più sociale e cattolica del movimento cooperativo, che è successivo. Nascono perché Luzzatti fa proprio il modello tedesco di Schulze-Delitzsch e lo porta in Italia in coincidenza con l'unificazione del Paese: la prima banca popolare nasce a Lodi nel 1864, poi a Milano e Vicenza nel '66, Verona nel '67 e così via.

L'inizio è quello tipico di ogni impresa cooperativa, cercare di rendere accessibile il credito a quelle categorie per le quali non era disponibile presso le banche di allora e quindi nasce da questo ceppo comune. Le regole sono in gran parte le stesse, ma c'è una differenza, che non è una mutazione genetica ma è proprio una differenza genetica iniziale, ed è importante: la divisibilità del patrimonio. Probabilmente, proprio perché si trattava di credito, dove il capitale è la materia prima, per renderne più appetibile la sottoscrizione, nelle banche popolari è stata prevista la possibilità di dividere integralmente anche le riserve.

Di conseguenza, lo strumento di partecipazione al capitale, l'azione, rappresenta l'intero patrimonio dell'azienda, situazione evidentemente diversa rispetto alle cooperative dove vige il principio della indivisibilità delle riserve mutualistiche. Questo "mix" di elementi comuni e differenze ha determinato una storia difficile da definire, si potrebbe parlare di una sorta di convergenza parallela. Infatti, la prima disciplina normativa del fenomeno cooperativo nel diritto italiano, il codice di commercio del 1882, è legata solo alle banche popolari.

In seguito, quando si tratterà di disciplinare l'impresa cooperativa in senso lato, il legislatore mutuerà in buona misura le regole dettate per le banche popolari. Questo rovescia l'idea che le banche popolari siano in qualche misura figlie di una parte del grande ceppo della cooperazione. Nascono come le conosciamo oggi e in qualche misura sono antesignane della disciplina cooperativa. Tutto cambierà con la riforma del Codice Civile del 1942. Nell'impostazione corporativa l'impresa cooperativa diventa una società che ha scopo mutualistico, differenziata da quella che ha scopo di lucro. Qui la banca popolare è solo una delle specie che appartengono al genere delle cooperative, molto particolare, con regole specifiche nell'attività di credito. Si resta nell'alveo della cooperazione ma c'è una forte impronta legata alla specificità dell'attività bancaria.

Finalmente, con il nuovo testo unico bancario del 1993, la banca popolare viene codificata come società cooperativa non mutualistica; per la prima volta, secondo i giuristi, è stata riconosciuta l'esistenza di una società cooperativa molto particolare, senza un'impronta mutualistica. Successivamente, con la riforma Vietti, le cooperative vengono divise tra cooperative a mutualità prevalente e cooperative a mutualità non prevalente e in qualche misura la specificità, o se volete, l'"anomalia" delle banche popolari viene superata per diventare regola di carattere generale. Essa va a inserirsi in quello che è un *genus* molto più ampio. In qualche misura le banche popolari spesso anticipano eventi o regolamenti che poi andranno a impattare sulla cooperazione nel suo complesso.

Ma quello che più conta, leggendo il libro di Giulio Sapelli, è che oggi banche popolari e società cooperative sono immerse nella stessa realtà, nello stesso mercato, subiscono gli stessi stimoli e dimostrano la stessa capacità di essere longeve, la stessa capacità di crescita quasi prodigiosa: fenomeni di crescita come quelli riscontrabili nel credito popolare o nell'impresa cooperativa sono in assoluto strabilianti, soprattutto se raffrontati con l'impresa *tout court*.

Le banche popolari, ovviamente, reagiscono sovente con tecnicalità diverse, ma sostanzialmente credo che i fenomeni che sono stati descritti nel libro sono in buona misura gli stessi delle altre cooperative. L'interrogativo è come fare a resistere a questi stimoli esterni e restare sul mercato: si cresce dimensionalmente e soprattutto si occupano nuove aree di business, si vanno a occupare segmenti della catena del valore, a valle o a monte, che prima erano occupati da altri. Ci si allarga in quantità e si cresce anche in verticalità. E si subiscono, peraltro, gli stessi fenomeni messi in evidenza con molta lucidità da Sapelli.

Si afferma nel libro, e io credo che valga anche per il sottosistema delle banche popolari, che c'è un'attenzione quantitativa che ha sicuramente prevalso sull'attenzione ai profili qualitativi dell'attività; vi è una diluizione, mi pare che Sapelli dica una dispersione, della diversità cooperativa. Nell'operare quotidiano sul mercato si tende ad agire in maniera più omologa rispetto alle società non cooperative, perdendo, in qualche misura, i connotati di questa diversità. C'è una dispersione dei valori sociali, culturali e politici che stanno a monte: nella genesi di ogni impresa cooperativa.

C'è un affievolimento delle relazioni orizzontali con le altre cooperative che fanno lo stesso mestiere. C'è una tendenza a passare da un insieme di imprese cooperative che si autodefiniscono, all'inizio, come "movimento", a un qualcosa che diventa "sistema", quindi non più capace di generare al proprio interno molte nuove realtà e non è più capace, in molti casi, di fare impresa insieme. Perché un'altra caratteristica delle imprese cooperative è di essere in grado di crescere come singoli, ma anche di riuscire a fare impresa insieme.

Tutti questi elementi, in qualche misura, vengono meno e ci si riconnette anche a quei problemi che riguardano la governance, c'è una certa stanchezza, una certa incapacità di ripensare al funzionamento delle regole democratiche nel contesto di una cooperativa che diventa più grande, che deve gestire grandi numeri di soci, complessità e multipolarità di radicamento dell'attività. C'è quasi la rinuncia a cercare di rendere effettivi i principi fondanti della governance cooperativa, ci si dimentica che queste società sono impossedibili e di fatto si lascia che qualche componente: manager, dipendenti soci o altro, riesca a impossessarsi totalmente del governo di questa realtà.

Tuttavia per quanto siano importanti i problemi descritti, il movimento del credito popolare e il movimento cooperativo in generale hanno la forza, i mezzi e gli uomini per affrontarli e superarli come è avvenuto nelle varie epoche storiche. Per far ciò, al meglio, è però necessario iniziare una discussione più ampia su quale mix di dinamismo economico e pace sociale vogliamo per noi stessi, le nostre famiglie e la nostra società; e sulle scelte pubbliche che esse comportano.

Naturalmente queste non possono essere scelte solo strettamente economiche. È una questione di natura fondamentalmente morale. Noi non siamo semplici strumenti della nuova economia. Non siamo schiavi delle sue tendenze tecnologiche. E non dovremmo attribuire a sproposito le responsabilità delle sue conseguenze meno desiderabili e più preoccupanti. Come cittadini abbiamo il potere di correggere la nuova economia perché risponde ai nostri desideri e, così facendo, determina la forma della civiltà emergente.

Ogni società ha la capacità, in realtà l'obbligo, di compiere queste scelte. La struttura dei mercati dipende da queste scelte. Gli individui decidono la loro vita sulla base di queste scelte. È attraverso decisioni simili che una società definisce se stessa. Le scelte si faranno, in modo o nell'altro. Non possono essere evitate. Il punto è se faremo queste scelte insieme, alla luce del sole, o se invece ci dibatteremo da soli, al buio.

Giuseppe De Lucia Lumeno

Segretario generale
Associazione nazionale fra le banche popolari

INTRODUZIONE

La riflessione sull'impresa e sul movimento cooperativo sembra si sia oscurata in questi ultimi tempi, sia in Italia sia all'estero. Un simile fenomeno non si verificò nei periodi immediatamente successivi alla crisi economica del 1929 e alla stagnazione delle economie centrali del meccanismo di accumulazione capitalistica che si manifestò a partire dalla seconda metà degli anni Settanta.

L'attenzione teorica e pratica per quella specifica forma di associazione economica che è l'impresa cooperativa si accentuò in relazione a quegli avvenimenti e l'analisi teorica pluridisciplinare su di essa ne trasse giovamento, contestualmente al prestigio che ne derivò per tutto il movimento cooperativo.

Oggi la situazione è assai diversa.

E pure i problemi dell'economia capitalistica sono assai gravi. La caduta delle società di origine leninista e staliniana ha dimostrato l'inferiorità di un sistema economico burocratico e accentrato a fronte della crescita capitalistica e del confronto armato tra due modelli di organizzazione sociale. Soltanto la dittatura cinese continua a riprodursi, anche se con rilevanti modificazioni strutturali del suo modello di relazioni tra le attività imprenditoriali e la funzione dispoticamente regolatrice dello Stato.

Ma l'incapacità del capitalismo, europeo *in primis*, di raggiungere il pieno impiego e quindi l'utilizzazione efficace ed efficiente di tutte le risorse sociali disponibili è, nonostante gli insuccessi dello stalinismo, sotto gli occhi di tutti.

Ed è evidente ai più la difficoltà di assicurare la riproduzione del sistema sociale e del pluralismo grazie all'obbligazione politica non solo nella carenza di taluni beni materiali, ma anche di quella dei sistemi di senso e di riconoscimento simbolico creativo e partecipativo.

A quell'incapacità e a quei bisogni spirituali hanno sempre cercato di rispondere l'impresa e il movimento cooperativo, in una difficile ma possibile unità di solidarietà e di efficacia e di efficienza, come il movimento storico della stessa crescita capitalistica ha indubbiamente comprovato.

Naturalmente, a fianco di tale forma di impresa, lo sviluppo dei sistemi sociali ha reso manifeste altre tipologie di associazionismi economici a ragione sociale non capitalistica e non statalistica. Mi riferisco ai fenomeni dell'economia sociale in tutta la loro ampiezza. Le forme dell'associazione a fini economici e a fini sociali, del resto, non possono essere ristrette alla tripolarità costituita dall'impresa capitalistica, da quella statale o pubblica e da quella cooperativa.

Forme organizzative, per esempio, come l'azionariato diffuso tra i dipendenti, come la proprietà mista di dipendenti e di imprenditori, come la partecipazione alle scelte imprenditoriali ma non alla proprietà, come la condivisione di finalità di crescita e di rendimento di soggetti economici da parte di attori sociali (le imprese possedute da enti locali, da fondazioni, da sindacati ecc.), danno vita a un universo economico ben più polifonico di quanto una riduzionistica visione dell'economia e dei mercati possa far pensare. I mercati non sono soltanto popolazioni organizzative costellate da attori massimizzanti utilità, opportunismi e razionalità più o meno limitate.

Recentemente si pone l'accento, riscoprendo filoni di grande interesse del pensiero comunitario e neocomunitario – tanto ateistico quanto religioso – sui fenomeni associativi del *non profit*. Fenomeni che propongono di porre al centro dell'azione associativa il donare, e quindi il gratuito, spezzando in forma radicale la pervasività assoluta dello scambio di mercato. Il dono può essere sia compreso nello scambio non di mercato (allorché obbliga non solo a ricevere, ma anche a rendere), sia assimilato alla relazione affettiva prima che cognitiva tra le persone che interagiscono (allorché si costruisce e si ripropone attraverso relazioni simboliche e di identità tra i donatori e i soggetti del dono). Tipico del dono è, in ogni caso, la gratuità e la volontarietà.

Per questa ragione è errato, oltreché socialmente ingiusto per l'aumento del parassitismo statale assistenzialistico che da ciò deriva, richiedere sostegni statualistici alle associazioni volontarie *non profit*. È quanto invece (sotto la spinta delle oscure trame del potere invisibile e delle radici profondissime che ha la cultura assistenzialistica, e svilente le energie nuove di ogni genere e specie) si sta facendo soprattutto in Italia. In Italia, del resto, storicamente, la carità non riesce a coniugarsi alla giustizia (ed è quindi pelosa e assistita) e la giustizia non riesce a coniugarsi alla carità (ed è quindi priva di senso morale e spirituale e di razionalità comunicativa).

Stupisce che si discuta, e si agisca, in Italia, assimilando il *non profit* – con incoscienza o con spregiudicata furbizia – alle forme di economia sociale che, invece, gratuite non sono, pur essendo volontarie e altruistiche. Queste ultime si differenziano da quelle capitalistiche per la diversa centralità della persona rispetto al capitale, per l'indivisibilità anziché la divisibilità del profitto, per la direzione meritocratica anziché proprietaria (diretta o indiretta tramite gli appositi agenti). Ciò accade, appunto, nell'impresa cooperativa. In essa l'elemento del dono e dello scambio non di mercato è presente nella pratica dell'allocazione dei diritti di proprietà (collettiva, anziché individuale) e della democrazia cooperativa. In essa vale il voto "per testa" quale che sia il totale delle azioni cooperative individualmente possedute: gli interessi tacciono e la solidarietà, trionfando, diventa l'essenza della meritocratica forma di governo dell'impresa (che non è, infatti, l'autogestione, come impropriamente e ideologicamente si afferma).

Il dono e la gratuità delle prestazione non sono l'essenza costitutiva della forma associativa che dà vita all'impresa cooperativa. Gran parte di questo libro è destinato a discutere quale sia tale essenza e rimando quindi il lettore alle pagine che seguono. Il dono e il donare sono un elemento essenziale delle società sovradeterminate dallo scambio di mercato: mentre lo negano lo conservano e insieme lo umanizzano, accendendo sopra il moggio la fiaccola dell'esempio solidale della reciprocità possibile, oppure, ancor più santamente, della gratuità dell'azione.

Ma sono anche l'indicazione preziosa che le metafore fantasiose e fastidiose degli economisti neoclassici su una "natura umana" essenzialmente egoistica, opportunistica e razionale (che avevano già disgustato Vilfredo Pareto allorché decise d'abbandonare l'economia matematica a cui aveva dedicato anni di studio indefesso per costruire, sulla base di quel disgusto, il monumento alla saggezza che sono i suoi scritti sociologici), sono erronee, allorquando si propongono come fondamento cognitivo della moderna scienza economica e come strumento esplicativo olistico delle relazioni sociali.

Da un certo qual punto di vista l'economista o il sociologo o l'antropologo o il pensatore intriso di tali pregiudizi può, nel suo modello analitico, "sopportare" e includere il dono e il donare, soltanto concependoli come variazioni esogene eccezionali dal paradigma massimizzante relazionale (giungendo persino a calcolare i vantaggi egoistici... dell'altruismo). Ciò è possibile – contraddittoriamente – ponendo il dono e il donare nel contesto dei beni e delle azioni che soddisfano e si pongono obiettivi non economici.

Ma non può né sopportare né ipotizzare un'associazione a finalità economica che non si fondi su quelle teorie così intrise di ideologia, come è il caso dell'impresa cooperativa. Essa è un'eresia. Un'eresia che va, allora, rapidamente ricompresa all'interno del paradigma dell'utilità individuale. A tal fine si ipotizza un'isola felice – la cooperativa – che tuttavia, nello splendido isolamento di questo paradigma, è abitata da esseri umani anch'essi egoisti che, massimizzando il loro reddito individuale anziché la nuova occupazione, non riescono a innescare un meccanismo virtuoso di crescita per l'intero sistema economico.

Oppure si ipotizza, ancora, l'incapacità dei lavoratori di un ipotetico *team*, di organizzare in forma autonoma e meritocratica, anziché opportunistica ed eteronoma, il loro operare, giustificando in tal modo la superiorità della gestione capitalistica a fronte di quella cooperativistica. Minoritarie sono le posizioni teoriche che – enfatizzando la diversità, empiricamente dimostrabile, delle decisioni di investimento delle due forme d'impresa – negano il paradigma del virtuoso isomorfismo tra impresa capitalistica e impresa cooperativa. E sempre minoritarie sono, altresì, le posizioni di coloro che contestano la pervasività, in qualsivoglia forma di associazione lavorativa, della remunerazione del lavoro al prezzo di mercato, anziché al prezzo scaturente dal possibile patto cooperativo stipulato tra i lavoratori: soci e quindi comproprietari.

Non a caso, in questa babele di significati e di orientamenti all'azione, in questo affollarsi di pressioni lobbistiche e di crisi tanto del mercato quanto delle politiche che a quella crisi dovrebbero porre rimedio (mentre non fanno che aggiungere danno al danno, imperfezione all'imperfezione), l'impresa cooperativa e il movimento da cui essa promana, pare attraversare un momento di scarsa fortuna.

Certo la ragione di ciò non può che essere di breve periodo e *in primis* imputabile alla subalternità crescente di cui i gruppi dirigenti, di cui le classi politiche, che hanno assunto il controllo della cooperazione (soprattutto attraverso le associazioni di rappresentanza), danno spettacolo. Subalternità a chi e a che cosa? Ai capitalisti e all'impresa capitalistica e ai funzionari organici di essa (spesso più realisti del re). Oppure ideologicamente subalterni "al suo doppio", ossia al *non profit*, all'interstiziale scambio non di mercato che rafforza e rinvigorisce, in tal modo, quello di mercato lasciandolo intatto e assolutisticamente ipostatizzato come l'unico possibile allorquando ci si pongono finalità economiche.

Il *non profit* confluisce, in tal modo, nelle attività marginali in cui del resto si vuol far confluire anche l'impresa cooperativa. E questo anziché impegnarsi a costruire faticosamente un mercato e un capitalismo vigorosi ma associativi, come è tipico dell'esperienza cooperativistica.

Soltanto un capitalismo associativo, infatti, può risolvere i problemi tanto della crescita economica quanto dello sviluppo civile.

Adriano Olivetti, come tutti i pionieri della cooperazione, aveva ben compreso che solo muovendosi sullo strettissimo e irto crinale della vetta che delinea, con il mercato, la sua comunitaria umanizzazione a partire dal lavoro e dalla gestione associata della proprietà, si può ridare senso e dignità alla persona mentre si dà liberisticamente vigore al sistema economico nel suo complesso, in un rinnovato impegno civile.

Il dibattito teorico in corso non risente affatto di questa temperie morale e intellettuale.

Non è un caso che la riflessione sulla cooperazione è da qualche anno (da più di un ventennio) sostanzialmente nelle mani degli economisti neoclassici, anziché, come era un tempo (il tempo cui questo lavoro si fa riferimento, non per nostalgia, ma soltanto per amor di verità), nelle mani dei sociologi e degli economisti comunitaristi. E quegli economisti neoclassici non sono riusciti a far altro che produrre "riduzionismi" che si son tanto diffusi (per il sonno della ragione che ha colpito il "vecchio" pensiero cooperativistico) sino a divenire senso comune. Si è giunti in tal modo a produrre tentativi che, quando non sono ridicoli, sono ammirevolmente penosi: tentativi di comprendere "per via economica" processi che non sono soltanto economici, come è appunto il caso dell'impresa cooperativa, che fuoriesce, invece, dalle profondità dell'agire umano bisognoso e proteso all'autodifesa in forma associata e valoriale anziché individualistica e contrattualistica e che si può comprendere a partire da Durkheim anziché da Jevons, da Mauss anziché da Williamson. Questo libro riprende il filo di un impegno intellettuale durato circa trent'anni e mai interrotto. Per un certo qual lasso di tempo questo impegno intellettuale si è accompagnato e ha tratto alimento da un altrettanto continuo e ininterrotto impegno civile a favore della cooperazione come impresa e del movimento cooperativo senza distinzioni ideologiche di sorta e senza egoismi e orientamenti peculiari di appartenenza, di qualsivoglia genere e forma.

Poi, via via, quell'impegno civile si è oscurato, non per volontà di chi scrive queste note, ma per la difficoltà di perseguire, anche nel movimento cooperativo, un lavoro non proteso soltanto all'egoistica circolazione irrazionale e devastante delle vecchie e nuove classi politiche ed economiche che ne sovradeterminano gli orientamenti e gli indirizzi di azione, tra uno statualismo sempre troppo pervasivo e una subalternità sempre più assurda alle mitologie di un capitalismo che non si sa se definire non incivilito oppure non passibile di civilizzazione.

Questo libro consta di tre capitoli: nel primo si propone una visione storico generale dello sviluppo della cooperazione su scala internazionale seguendo il filo rosso dell'impegno a questo fine profuso dall'Alleanza cooperativa internazionale, così da comprovare e da spiegare la diffusività irreversibile di un fenomeno sociale specialissimo e distintivo.

Nel secondo si delinea una riflessione sulla cooperazione come fenomeno imprenditoriale e sulla teoria economica dell'impresa cooperativa, cercando di dimostrarne insieme tanto l'utilità quanto la limitatezza allorché essa non si collega, transdisciplinarmente, con la riflessione sociologica e antropologica.

Nel terzo si riprende e si amplia un lavoro che ha inaugurato non solo nel nostro paese circa vent'anni or sono la concezione della cooperazione come impresa, ripercorrendone le radici teoriche e ricostruendone il volto composito e pluriforme e proponendo una via di ricerca che è anche una possibile indicazione per l'azione non subalterna, ma, invece, incivilente e libera, a partire dallo sviluppo sociale e morale delle persone.

Questo libro nasce nell'illusione, dura a morire, che anche i cooperatori, e non soltanto i 25 addetti al lavoro intellettuale come professione, vorranno accostarsi a esso.

Capitolo primo
La cooperazione come fenomeno internazionale

Riproduzione allargata del capitalismo e diffusività cooperativa

Il movimento cooperativo – è ormai un dato comprovato da tutti coloro che hanno affrontato scientificamente il problema – si è diffuso in tutto il mondo capitalistico. Si può dire più precisamente: esso si è diffuso via via che la riproduzione allargata del capitale si espandeva ben al di là degli originali confini europei e americani, giungendo fino agli estremi confini del mercato e del suo affermarsi in mondi sino a pochi anni or sono ancora estranei alla produzione di merci. Non al consumo, che quest'ultimo ha caratterizzato la vita sociale del pianeta da tempi molto più remoti, come ci dimostrano le recenti ricerche antropologiche. L'analisi di tale interrelata diffusione offre interessanti spunti analitici. Essi si dipanano tutti attorno alla tesi della volontarietà associativa che sta alla base di questa propagazione dei principi e dei sistemi di imprese cooperative.

In quale misura simile propagazione dia vita a differenziate forme dei medesimi è problema che non potrà che essere soltanto accennato in questa sede.

La veridicità dell'assunto della volontarietà della diffusione e della propagazione cooperativa ha una sua manifestazione preclara del ruolo svolto dall'Alleanza cooperativa internazionale, ACI (Alliance cooperative internationale, ACI, oppure International cooperative alliance, ICA). Anch'essa ha seguito i ritmi e i tempi di sinergia tra propagazione capitalistica e diffusività cooperativa, fornendo impulsi e stimoli, da un lato, e ricevendo conferme e sostegni organizzati, a sua volta, dall'altro. È importante sottolineare sin da subito che l'intrecciarsi di propagazione capitalistica e di diffusione cooperativa comprova la tesi dell'insopprimibilità dell'esigenza cooperativa nel mondo capitalistico.

Essa si presenterebbe come una delle "polanyane" forme di resistenza della società nei confronti del mercato e delle "tonnesiane" riproposizioni della comunità nel dispiegarsi della società, oppure, e infine, come una manifestazione della vitalità simmeliana del soggetto nei confronti dell'economia monetaria.

La cooperazione, insomma, manifesterebbe sempre e in ogni latitudine e longitudine del pianeta tali tendenze: esse, a questo punto, confermerebbero la tesi della persistenza organica e volontaristica, simbolica e reale insieme, dell'esistenza non transeunte dell'impresa e del movimento cooperativo.

Tale movimento diviene in tal modo il frutto economico-sociale di una cristallizzazione culturale e simbolica di un grande movimento ideale, che è quello della riforma sociale e della critica non marxiana al capitalismo industriale, commerciale e finanziario.

Problemi della costitutività cooperativa

La nascita dell'ACI deriva dal vigoroso impulso dei movimenti cooperativi internazionali europei nei paesi a più precoce e forte industrializzazione.

Essa nasce non a caso nel 1895, allorché la prima fase dell'industrializzazione capitalistica inglese ed europea-continentale si attenua irreversibilmente.

Ma essa, come ho poc'anzi detto, non è il frutto spontaneo della crescita capitalistica e di un meccanico ribellarsi della società alla medesima. Essa è il frutto di un sommovimento comunitario, di un volontarismo associativo che matura a lungo e in profondità prima di venire alla luce.

Basta ricordare qui che già nel 1835 Robert Owen con la sua *Association off All Class of All Nations*, all'età di 65 anni, e quindi all'acme della sua attività di grande utopista e riformatore sociale, affermava il principio della proprietà collettiva che doveva governare gli uomini e l'umanità senza ricompense né punizioni artificiali, trasformando profondamente il loro carattere e le loro aspirazioni.

Se il tentativo di Owen non lasciò traccia nel movimento cooperativo internazionale, esso fu la base di partenza per la diffusione irreversibile di quello inglese, che doveva avere a Manchester la sua culla e in tale città doveva rendere manifesti, nel 1845, i suoi originari intenti riformatori con i probi pionieri di Rochdale.

Non è un caso, infatti, che al primo congresso nazionale delle cooperative inglesi di Londra del 1869 partecipassero di già delegati di altri paesi: essi erano 18 su 112 membri del comitato esecutivo che aveva convocato il congresso, promosso per iniziativa delle correnti socialiste-cristiane. Se scorriamo l'elenco degli stranieri vi troviamo nomi illustri. Tra i tedeschi: Victor Aimé Huber e Lujo Brentano. Tra i francesi Louis Blanc, Hubert-Valleroux e Arlès-Dufour. Tra gli italiani Carlo Cabella e Francesco Viganò. Tra i danesi il pastore luterano Edward Sonne. Tra gli svedesi Axel Krook. Tra gli svizzeri Gustave Vogt. Tra i greci Georgios Perdicas. Tutte personalità destinate a lasciare una traccia nel movimento cooperativo e riformatore dei loro paesi.

Il congresso di Londra è importante perché, nel corso dei lavori, il suo organizzatore, Vansittart Neale, segretario generale della Cooperative Union, diffuse l'idea di una organizzazione cooperativa internazionale, che superasse gli angusti limiti nazionali e rafforzasse in ogni paese i nascenti movimenti.

Questo obiettivo si iniziò a raggiungerlo al congresso di Oldham del 1885, soprattutto per impulso del settore delle cooperative di consumo, in primo luogo del dipartimento del Gard e della città di Nîmes, dove operava uno dei profeti della cooperazione francese: Édouard de Boyve.

A partire dal congresso di Oldham i contatti tra cooperatori francesi e inglesi si fanno via via più regolari e costanti, sino a divenire una irreversibile consuetudine.

Un'altra tappa importante della via per la costituzione dell'A-CI, a mio parere, fu conseguita al secondo congresso delle cooperative francesi, che si tenne a Lione nel 1886. Vi partecipavano, oltre agli inglesi, delegati italiani e svizzeri. Nel corso del congresso quel grande utopista che fu Charles Gide lanciò l'idea di una Federazione internazionale della cooperazione che superasse il principio dell'unione dei lavoratori propugnato dal marxismo: alla difesa e alla riaffermazione del principio di patria, nella tradizione repubblicana francese, doveva accompagnarsi quello della soluzione della "questione operaia" attraverso il principio della proprietà collettiva, grazie all'unione nelle stesse mani del capitale e del lavoro.

Questo ideale, ripreso al congresso di Milano dei cooperatori italiani dell'anno seguente, non poteva tuttavia realizzarsi senza il consenso e la solidarietà dei cooperatori tedeschi, sino ad allora rimasti in disparte rispetto a questi contatti sovranazionali.

La forte associazione nata dallo sforzo di Schulze-Delitzsch, che allora costituiva il nerbo della cooperazione tedesca, rimase a lungo restia a ogni ipotesi di questo tipo. Fu al congresso inglese di Carlisle, del 1886, dove ai delegati francesi e inglesi si unì una delegata nordamericana appositamente giunta d'oltre oceano, che il progetto dell'Alleanza internazionale iniziò a essere esaminato dettagliatamente. Ciascun paese conservava la piena autonomia di organizzazione e al nuovo organismo internazionale non era devoluto alcun potere centrale o tanto meno centralizzatore.

Il disegno che guidava questi sforzi era, da un lato, assai lineare e semplice, dall'altro, utopico e sproporzionato rispetto agli obiettivi.

Per quanto riguarda il primo aspetto della questione, l'organizzazione internazionale era intesa come una sorta di strumento d'arbitrato chiamato a dirimere i conflitti teorici che si manifestavano tra i seguaci dell'economia cooperativa e quelli dell'economia liberale, perseguendo la pace internazionale quanto quella sociale, costituendo in tal modo un contrappeso al socialismo rivoluzionario e diffondendo i principi del collettivismo umanitario e cristiano, fondato sulla scelta etica cooperativa e della riforma sociale.

A fronte di questi obiettivi ultimi e importantissimi le rispettive associazioni nazionali non riuscivano, però, a liberarsi non tanto del patriottismo rivendicato da Gide come tratto distintivo e non nazionalistico, quanto invece delle diffidenze e delle incapacità di superare l'orizzonte della difesa immediata dei loro soci dalle malattie del nascente capitalismo industriale.

I primi anni della crescita verso il collegamento internazionale furono in ogni caso decisivi per portare alla luce quelli che erano i sostanziali motivi di divisione e di contrasto che impedivano una più spedita marcia verso l'internalizzazione del movimento.

Quelle resistenze risiedevano in primo luogo nella contrapposizione, di origine inglese, tra cooperazione di produzione e cooperazione di consumo. Vansittart Neale, socialista cristiano, compagno di lotta di Thomas Hughes, era il propugnatore più fervido del principio dell'associazione della produzione, per il quale gli operai dovevano essere i proprietari dei propri mezzi di lavoro ed essi stessi dirigenti dell'impresa associata, con la ripartizione dei guadagni e la continuità della produzione, via via espandendola sino al superamento della società capitalistica.

Diverso era l'orientamento, come è noto, delle potentissime società di consumo inglesi. Esse perseguivano, pur di massimizzare il vantaggio dei soci consumatori, la produzione in proprio di molti articoli per la vendita. Ma gli operai addetti a tale produzione erano retribuiti e sottoposti al comando gerarchico in forme similari a quelle delle imprese capitalistiche, godendo dei vantaggi cooperativi soltanto in quanto consumatori e non in quanto produttori.

Il conflitto non era soltanto teorico ma eminentemente pratico, come dimostra precariamente la presenza anche di conflitti di interesse tra i due grandi filoni del movimento cooperativo. Lo sforzo intrapreso da Neale e dai suoi amici e seguaci che denunciavano una caduta profonda delle idealità del movimento cooperativo inglese, debbono essere intesi all'interno di questo contesto: essi si attendevano dall'influenza e dalla pressione dei cooperatori continentali un aiuto per superare l'impasse in cui il movimento inglese era precipitato a causa di un troppo spiccato ruolo economico "non solidale" e "integrale" del settore del consumo.

Queste istanze vennero via via rafforzate allorché al congresso di Ipswich del 1889, Vaughan Nash presentò un rapporto (che fu considerato decisivo per rimuovere gli ostacoli che si opponevano alla creazione dell'ACI), sulla cooperazione e il commercio internazionale.

A suo avviso le cooperative dovevano porsi, oltre agli obiettivi di collegamento internazionale sorretti dai comuni ideali, quelli economicamente fondati e importanti per la loro sopravvivenza.

Questi ultimi erano quelli dello scambio di beni e servizi (diremmo oggi) tra le centrali cooperative, costituendo, appunto, una centrale cooperativa internazionale che sostenesse e incrementasse questo obiettivo. Il rapporto fu tradotto in francese, in italiano e in tedesco e ci si impegnò ad assicurarne una diffusione tale che consentisse la propagazione di quei principi, che parevano decisivi per promuovere un nuovo passo innanzi verso l'obiettivo della creazione dell'associazione internazionale.

A fianco di tali propositi va tuttavia sottolineato il fatto che ciò che fu decisivo, a mio parere, per la fondazione dell'ACI, fu il reticolo di rapporti, di legami, di reciproca stima e di profonda solidarietà che si era via via stabilito tra un gruppo di uomini che si riconoscevano nei principi cooperativi al di là dei confini nazionali, e financo teorici e politici. Andrebbe studiato quel reticolo attraverso la corrispondenza, i viaggi, le relazioni scientifiche e la partecipazione ai congressi, attraverso il far parte delle prime commissioni internazionali.

È un reticolo che inizia da lontano, ben prima e oltre lo stesso movimento cooperativo: inizia dalla Società contro gli infortuni sul lavoro e dal legame tra le società mutue e prosegue, intersecando l'una con l'altra queste associazioni, sino a confluire nel mare della cooperazione. I nomi di questi personaggi, grandi per il loro infaticabile tessere e lavorare, sono quelli di Neale, Holyoake, de Boyve, Gide, Viganò, Luzzatti, Rabbeno, Robert in primo luogo.

Spiccano in questa fase la Gran Bretagna, la Francia e l'Italia come i paesi più direttamente coinvolti in questo processo. Esso consente bene di chiarire il rapporto non meccanico tra economia e cultura cooperativa. Mentre la Gran Bretagna e la Francia erano ben innanzi all'Italia nello sviluppo economico, quest'ultima era il paese dove il movimento sociale, sindacale e cooperativo, unitamente a quello politico, socialista e cattolico-sociale, si era diffuso più impetuosamente e vivacemente, con una non sincronia tra movimento anticapitalistico e capitalismo; cosicché il primo si manifestava in forme assai più dispiegate di quest'ultimo, per le disuguaglianze territoriali del paese da un lato e il peso imponente del movimento di lotta nelle campagne dell'altro.

Solo il gigante tedesco, con il possente moto cristiano-sociale da un lato, la civiltà socialdemocratica dall'altro, rimaneva immoto, sotto il tallone bismarckiano e il ferreo controllo di una burocrazia operaia ben più forte, nella sua metodica crescita, di quanto non fosse in tutti gli altri paesi.

Il mezzo per superare tutte le resistenze fu quello di rompere gli indugi, appellandosi direttamente alle cooperative di questi paesi senza consultare più quelle di consumo inglesi. Nel 1892 de Boyve, Robert, Greening, Holyoake, si riunirono a Rochdale, laddove quarantasette anni prima i "probi pionieri" avevano dato vita alla loro utopia, per affermare la necessità di superare il puro orizzonte della cooperativa di consumo impegnata nella difesa del salario operaio e delle classi medie, per diffondere il principio della compartecipazione ai guadagni nell'impresa manifatturiera, fosse essa cooperativa o capitalistica.

Quello che era essenziale era, dunque, la compartecipazione agli utili e la riunificazione nell'azionariato, anziché nelle sole mani dei lavoratori-soci (come affermavano invece i cooperatori "integrali") del guadagno o del sovrappiù. Qualsiasi impresa che avesse aderito a tale principio compartecipativo avrebbe potuto far parte della costituenda associazione internazionale.

Si fondava in tal modo a Parigi l'Associazione internazionale degli amici della produzione cooperativa. Era un passo innanzi, destinato a superare la lotta intestina e a chiarificare appieno come all'erigenda istituzione aderissero in primo luogo le cooperative della tradizione liberale e social-cristiana, mentre erano lontane da essa quelle nate sotto l'influenza del movimento socialista e operaio in genere.

Questo espediente organizzativo, che rischiava di indebolire potentemente la nascente organizzazione internazionale fu presto abbandonato.

Del resto, la macchina si era ormai messa in moto e si poteva ritornare all'antico disegno di fondare l'Associazione sui più saldi pilastri delle già esistenti confederazioni nazionali cooperative, anziché sulle fragili gambe dei soli aderenti alle teorie compartecipative.

Il grande impulso al processo di unificazione internazionale passò nuovamente nelle mani dei cooperatori inglesi e in particolare in quelle di Henry Wolff, organizzatore privo di originali convinzioni teoriche e proteso alla conservazione dell'unità del movimento, anziché alla sua precisa definizione teorica. Wolff svolse un grande lavoro di tessitura, recandosi in pressoché tutti i paesi in cui sorgevano ed erano di già sorte le imprese e i movimenti cooperativi.

Wolff rifletteva ispirazioni e culture del movimento fabiano, illuminato dalle teorie dei coniugi Webb e proteso all'opera realizzatrice, anziché alla discussione teorica. Del resto, quest'ultima rimase con i suoi nodi ben aggrovigliati ancora per molto tempo. Per alcuni anni, sotto l'influenza dei delegati inglesi e liberal-sociali, il principio della compartecipazione agli utili, capitalistica o cooperativa che essa fosse, rimase al centro dei principi istitutivi dell'Associazione internazionale.

Gli inglesi insistevano su questo punto per vincere la resistenza delle cooperative di consumo del loro paese che trattavano i dipendenti delle loro aziende di produzione secondo i modelli capitalistici e non volevano accedere neppure a quelli compartecipativi. I beni che esse rivendevano ai soci e ai non soci, dopo l'approvazione del principio della "porta aperta", erano in tal modo "frutto dell'alienazione e dello sfruttamento capitalistico".

Ma tale principio compartecipativo assumeva tutt'altra ragione d'essere per il movimento continentale: era, infatti, fatto proprio da delegati di molti altri paesi per evitare di dar spazio a quello socialista e cattolico-sociale, che riconosceva il principio, genuinamente cooperativo, della proprietà collettiva del gruppo di lavoratori che si associavano per divenire, in tal modo, contestualmente, soci e imprenditori collettivi.

Quando si inaugurò il 19 agosto 1895 il congresso di Londra che doveva dar vita all'ACI, a esso parteciparono delegati di pressoché tutte le tendenze ideali e settoriali del movimento cooperativo, con una forte prevalenza, tuttavia, della cooperazione liberalsociale e cristiano-sociale.

I delegati provenivano dalla Danimarca, dal Belgio, dalla Francia, dai Paesi Bassi, dall'Argentina, dagli USA. Spiccava l'assenza del movimento cooperativo austriaco e tedesco, che pure svolgeva un ruolo di primissimo piano, nazionale e internazionale.

Il dibattito fu subito acceso e vivissimo: ora si trattava non soltanto di discutere dei principi della compartecipazione, ma anche di quelli della proprietà privata e individuale (anziché collettiva e indivisibile), che per taluni doveva essere affermata come principio costitutivo; mentre per altri era un fatto ineliminabile soltanto quando essa si manifestava sotto la specie dell'associazione di secondo grado dei piccoli e medi proprietari, come era evidente nella cooperazione agricola.

Ma affermare la proprietà privata come principio costitutivo voleva dire escludere tutte quelle forme cooperative delle classi bisognose che sorgevano proprio come manifestazione della distribuzione ineguale sia del reddito sia delle proprietà.

Neppure i socialisti cristiani inglesi potevano essere d'accordo sul principio della proprietà. Non si riuscì, nel corso del congresso, a raggiungere nessun consenso su questi essenziali problemi e si dovette rinviare il tutto a un comitato esecutivo, dove sedevano soprattutto i rappresentanti della cooperazione liberal-sociale.

È importante sottolineare il fatto che, mentre il congresso di Londra raggiungeva l'indubitabile successo di affermare il principio delle necessità di un collegamento internazionale del mondo cooperativo, lo scisma attivo e fervido nel mondo inglese si trasmetteva ora, per tramite della nascente organizzazione, per tutto il movimento cooperativo, a riprova dell'importanza dell'orientamento ideale e del non meccanico riflettersi delle diffusività dell'idea cooperativa ch'esso rendeva manifesto.

Non a caso, vent'anni dopo, Tugan-Baranovsky, nella sua raccolta di saggi pubblicata a Parigi nel 1912, sottolineava il fatto che, a fianco di un'impetuosa crescita, il movimento cooperativo non aveva ancora trovato un tessuto teorico di riferimento che consentisse di comprendere in forma autoriflessiva la costitutività essenziale del suo porsi nel mercato e nella società.

Si potrebbe ben dire, parafrasando una celebre frase che appartiene alla storia del movimento cooperativo internazionale, che allorquando si poneva l'accento sul termine *cooperazione*, si guardava "a sinistra", mentre quando l'accento era posto sulla *partecipazione* si guardava "a destra"...

Questa discussione rifletteva il grande conflitto tra la scuola economica liberale e quella cooperativistica, che aveva in quegli anni solo in Charles Gide il suo vero mentore. La prima non riconosceva alla cooperazione un'autonomia rispetto al meccanismo della concorrenza, che riteneva sacro e indiscusso per la più razionale allocazione delle risorse, così come riteneva sacro e indiscusso il principio della divisione tra meccanismi della produzione che dovevano essere intoccabili – e meccanismi della distribuzione che si potevano benevolmente sottoporre alle istanze cooperativistiche (e anche la compartecipazione agli utili rientrava in questo schema benevolente).

Solo Tugan-Baranovsky e Gide, per strade ben diverse, affermavano il principio di una autonomia della cooperazione come forma e come morfogenesi sociale. Naturalmente, il primo faceva ciò sviluppando la teoria del valore di Ricardo e di Marx, per affermare la centralità del profitto cooperativo, che poteva divenire principio regolatore di una nuova formazione economico-sociale; il secondo, invece, affermando la necessità di una relazione personale tra consumatori che doveva concretarsi nella modificazione anche dell'impresa produttiva, che diveniva in tal modo la cellula di una nuova economia solidaristicamente e cristianamente orientata.

Quando si svolse il secondo congresso internazionale del 1896[1], a Parigi, gli avvenimenti fondamentali furono la parte-

---

[1] Ica, *Reports of International Co-operatives Congress*, London 1971. Ventiquattro volumi in edizione inglese dal 1896 al 1970, con il verbale dei congressi, i rapporti speciali e altri documenti. L'edizione francese comprende i congressi dal 1896 al 1957. I congressi successivi sono disponibili nelle edizioni tipografiche, mimeo o dattiloscritte conservate presso la Biblioteca del Bureau International du Travail e dell'Istituto Luzzatti, grazie al quale ho potuto condurre questo studio e che ringrazio fervidamente. Naturalmente il riferimento bibliografico agli atti dei congressi sino ai giorni nostri è dato per scontato anche nelle successive sezioni bibliografiche relative ai capitoli seguenti.

cipazione dei delegati tedeschi, che rompevano in tal modo con anni di diffidenza e di isolamento, e la ripresa del dibattito teorico sulla cooperazione.

È importante porre l'accento su questo ultimo tema, che segna un'inversione di tendenza sull'andamento della discussione, sino ad allora svoltasi sui principi cooperativi. In merito a questi ultimi emerse, infatti, l'incompatibilità tra quelli che avevano guidato i "probi pionieri di Rochdale" e quelli che ispiravano, invece, gli "Amici della produzione cooperativa".

Il principio della cooperazione "integrale" era ora auspicato in forma ben più decisa all'interno stesso della cooperazione, vincendo le resistenze delle cooperative di consumo inglese auspicando una diffusione dell'interrelazione economica delle imprese e dei sistemi di imprese al di là dei confini nazionali.

Nel corso del congresso iniziarono a emergere i conflitti che segneranno la vita dell'Alleanza anche in futuro: tra la neutralità e l'impegno politico delle cooperative, con i primi contrasti tra i socialisti e i liberal-sociali (che continuano le loro polemiche sul principio di proprietà) e il peso che iniziarono sin da subito ad assumere le cooperative agricole tedesche con l'intervento dei delegati prussiani.

I risultati più importanti del congresso furono quelli pratici e organizzativi. Si istituirono, infatti, un comitato internazionale per la statistica (a riprova che il dato quantitativo stava assumendo un'importanza sino ad allora inusitata), un comitato per i rapporti economici internazionali e un comitato per la partecipazione ai guadagni, ossia per assicurare l'integralità cooperativa nei confronti di tutti coloro che nelle cooperative prestavano la loro opera, auspicandone la considerazione in quanto soci e non in quanto lavoratori.

Se si esaminano i primi dati del bilancio dell'organizzazione si hanno dinanzi immediatamente i segni del diffondersi del movimento. La maggioranza delle quote veniva dall'Inghilterra; seguivano la Francia e la Germania e poi l'Austria, la Svizzera, la

Danimarca e gli Stati Uniti. L'Italia, attiva nei dibattiti, meno lo era nella raccolta di fondi, mentre spiccava la presenza degli USA, riflesso del peso che in quel paese avevano sia l'emigrazione europea, sia la diffusione del movimento su basi autoctone e fervidamente operanti.

La cooperazione si avviava, comunque, a divenire un fenomeno mondiale e di queste l'ACI era l'eloquente testimonianza.

I lavori delle commissioni e dei delegati, tra le sedute congressuali annuali, sono anche una testimonianza efficace dell'egemonia britannica sul movimento cooperativo internazionale.

Era all'Inghilterra che i cooperatori guardavano per apprendere una strumentalità tecnico-operativa che a loro ancora mancava su scala internazionale.

Un tema, questo, che andrebbe approfondito e studiato in forma comparata. Alcuni paesi, infatti (ed erano la stragrande maggioranza, all'epoca), erano ancora nella fase della crescita del "movimento sociale" cooperativo, anziché dell'impresa.

Il movimento cooperativo era tutto imperniato su una solidarietà organica e quindi su una bassa differenziazione funzionale. Come è noto, quest'ultima si afferma irreversibilmente soltanto quando la solidarietà meccanica lascia il posto a quella organica per la caduta della pervasività della segmentazione e dell'indifferenziazione. Di qui nasce, allora, l'impresa cooperativa, che si distacca dall'universo della resistenza e della conflittualità rivendicativa per affermarsi in modo stabile e tendenzialmente irreversibile sui mercati.

L'esperienza inglese era di già approdata nella sua generalità a questo stadio di crescita, con una divisione di compiti anche nel movimento riformatore e in quello dei lavoratori. Divisione di compiti che non poteva non riflettersi nell'universo cooperativo, stimolandone vieppiù la specializzazione delle finalità economico-solidaristiche, anziché quelle, segmentate piuttosto che differenziate, tipiche del "movimento sociale". Ma se l'Inghilterra svolgeva un ruolo essenziale nella diffusione della tecnica e del sapere cooperativo, il rapporto tra diffusione delle idee e diffusione delle "pratiche di gestione" era diverso e contrapposto, a riprova della non riproducibilità meccanica dello stato dello sviluppo storico-fattuale rispetto a quello delle idee.

I viaggi dei cooperatori europei in Inghilterra non ebbero soltanto l'effetto di diffondere sul continente il sapere gestionale inglese, prodotto di una società più differenziata perché più precocemente avviatasi sulla via dell'industrializzazione. Tali viaggi ebbero anche il ruolo di diffondere, a loro volta, in Inghilterra, le idee "sociali" della cooperazione europea, molto più ideologicamente orientata e ben più ricca di fermenti politici diversi.

Essa, proprio per essere molto più vicina di quella inglese allo stadio del movimento sociale, piuttosto che a quello dell'impresa cooperativa, portava ancora con sé i fermenti utopici e rinnovatori della cooperazione come forma di azione e come mondo vitale, che la cooperazione inglese, in gran parte, salvo che per i fermenti cristiano-sociali e oweniani, non aveva mai avuto in maniera così spiccata... se si escludono appunto, gli originari, "prodi pionieri di Rochdale".

Una meteora, tuttavia, e un grido di libertà, piuttosto che un metodico legame tra teoria e azione.

Mentre gli inglesi che avevano lavorato per la fondazione dell'ACI erano tutti interessati, pur con consistenti divisioni al loro interno e che abbiamo ricordato, a porre al centro la figura dell'operaio produttore come elemento di rivendicazione e di trasformazione dell'ordine economico, gli europei che visitavano l'Inghilterra erano soprattutto protesi ad affermare il principio dei consumatori che dovevano strappare ai commercianti capitalistici il monopolio della vendita dei beni e delle merci.

Questa visione diveniva quella – di cui Vergnanini in Italia sarà il teorizzatore più compiuto, a partire dalle origini teoriche francesi e belghe di tale filone di pensiero – per cui gli interessi di tutto il popolo venivano via via identificandosi con quello del popolo dei consumatori, così da dar vita, sulla scorta dell'ispirazione cooperativa, a una nuova trasformazione economico-sociale non capitalistica.

E questo era l'essenziale elemento di differenziazione. Per i cooperatori francesi era la cooperativa integrale di consumo che doveva divenire l'embrione della nuova società, anziché quella di produzione, che inevitabilmente doveva assestarsi nella convivenza indefinita con l'ordine capitalistico.

Se il lavoro nella e dell'impresa capitalistica era destinato a essere merce da vendere nel mercato, il lavoro nella e dell'impresa cooperativa doveva essere rivolto, invece, alla soddisfazione dei bisogni sociali al di là della tirannide assoluta dell'economia monetaria.

La cooperazione di consumo avrebbe sottratto via via quote crescenti sociali alla riproduzione e alla valorizzazione capitalistica, sino alla soddisfazione metodica del bisogno, anziché della valorizzazione del capitale.

La catena cooperativa, eliminando i dettaglianti e collegando i produttori ai consumatori, eliminava anche la riproduzione capitalistica, trasformandola in riproduzione cooperativa. Ciò sarebbe avvenuto attraverso l'unione dei consumatori e dei produttori in una sola catena di attività e di solidarietà fattiva.

Mentre il movimento cooperativo continentale, insomma, si sentiva fortemente attratto dall'organizzazione pratica della cooperazione inglese, i presupposti teorico-politici sui quali esso si fondava e voleva continuare a fondarsi differivano profondamente da quelli prevalenti in quest'ultimo. Se l'Inghilterra guardava alla cooperazione come prolungamento del movimento di resistenza, quello continentale guardava alla cooperazione come prodromo di una nuova società. Una differenza di non poco conto.

L'ACI svolse un formidabile ruolo per amalgamare queste due prospettive e per fondare l'attività del movimento su nuove basi. Da questo amalgama doveva nascere la nuova stagione del movimento cooperativo internazionale all'alba del XX secolo.

L'alba di una nuova era

Il XX secolo è veramente l'alba di una nuova era cooperativa: essa nasce dall'incontro del movimento inglese con quello continentale. L'ACI, come si è detto, svolse un ruolo fondamentale a questo proposito.

I pionieri della prima fase preparatoria lasciavano ora il posto ai dirigenti delle grandi organizzazioni di massa. Emblematica fu la morte di Charles Robert nel 1895: con lui scompariva uno dei protagonisti del dibattito e dell'apostolato della cooperazione francese "proprietaria", che tanta influenza aveva tra le classi medie e gli artigiani.

È significativo che, a rimpiazzare Robert e il conte di Chambrun (anch'egli mancato in quel frangente di tempo), che tanto fece per la cooperazione "borghese" in Francia, fossero gli esponenti delle cooperative socialiste, che da allora iniziarono a dare un appoggio continuo all'ACI.

Questi anni sono, non di meno, quelli di un'alba che fatica a sorgere e a definirsi.

Sono gli anni del trapasso da una cooperazione internazionale a incontrastata egemonia inglese a un'egemonia inglese e continentale insieme.

Ma sono anche qualcosa di ben più profondo: sono gli anni della ridefinizione degli statuti teorici dell'universo cooperativo. Esso, mentre approda a una più profonda e perfezionata consapevolezza dei vincoli economici della redditività in cui e per cui deve operare, ritrova anche le sorgenti della pratica e della teoria cooperativa in nuovi paesi e in nuovi ambienti intellettuali: *in primis* quelli del movimento sociale organizzato.

La visibilità del grande sommovimento che stava covando sotto la cenere giunse alla sua acme al congresso del 1901, allorquando il rappresentante delle cooperative tedesche domandò di porre a voti una risoluzione che richiedeva la riscrittura di pressoché tutti i più importanti articoli dello statuto.

La risoluzione fu approvata e ciò costituì indubbiamente il più evidente segno che qualcosa stava irrimediabilmente cambiando.

La "grande trasformazione" risiedeva nel porre, d'ora in avanti, il potere organizzativo nelle mani del movimento cooperativo organizzato dei singoli paesi e non più di ispirati profeti, i quali, escluso il caso inglese dove tale personalizzazione del potere non si verificò mai per il diverso stadio di crescita del movimento (che sin da subito nominò alla sua testa degli organizzatori veri e propri e non degli intellettuali) rappresentavano troppo spesso soltanto se stessi.

Sarebbe stato, d'ora innanzi, il Comitato centrale dell'ACI a scegliere, in quei paesi dove il movimento difettava d'organizzazione, quelle individualità meritevoli di essere chiamate a farne parte, così da integrarle saldamente con l'organizzazione complessiva grazie a un meccanismo di cooptazione.

Un'altra fondamentale trasformazione ebbe luogo nello stesso congresso di Manchester del 1902. A promuoverla erano ancora i delegati tedeschi: essi proponevano di rifiutare decisamente il principio della "partecipazione ai profitti": nel movimento cooperativo, fondato sull'imperio dei soci e sulle società di persone e non di capitali, tale principio era solo un retaggio di subalternità ai principi capitalistici. I cooperatori non potevano far proprio questo *vulnus* alle loro idealità, pena la decadenza dei loro ideali. Erano le basi stesse della cooperazione, affermavano i delegati tedeschi, a essere messe in discussione; in essa i profitti non erano "partecipati" ma "indivisi".

Era la difesa dell'integralità cooperativa che iniziava a manifestarsi, sotto le pressioni delle grandi organizzazioni di massa, fortemente legate alla dimensione sociale del movimento e non soltanto dell'impresa cooperativa.

E le organizzazioni di massa, in effetti, iniziarono ad associarsi all'ACI in misura prima inusitata: nel solo 1902 aderirono 120 federazioni, con un grande miglioramento della situazione finanziaria.

La prova di ciò fu il congresso di Budapest del 1904, che ebbe un profilo internazionale ben più spiccato di quelli precedenti. Inoltre, con la sua stessa collocazione geografica esso manifestava l'estendersi del movimento verso regioni sociali ed economiche un tempo non lambite dalla cooperazione.

Delegati provenienti da quattordici Stati, con forti presenze balcaniche (ecco la novità), parteciparono al congresso.

Il ruolo della cooperazione rurale come tipica forma di risposta al sottosviluppo, da allora iniziò a presentarsi come un solido ed esemplare strumento di lotta contro le disuguaglianze di reddito e di crescita su scala internazionale.

Temi che ritorneranno al centro della discussione soprattutto nel secondo dopoguerra, in riferimento ai paesi asiatici e latinoamericani: a Budapest erano allora di scena le periferie dell'Europa.

Questo rafforzamento dell'ACI non faceva venir meno, tuttavia, le divisioni ideali. Esse, invece, si facevano per certi versi ancor più vivaci.

Ai propositi riformatori anticapitalistici espressi dal relatore sul consumo, appartenente alla cooperazione svizzera, risposero con foga e veemenza i rappresentanti delle cooperative Raiffeisen e Schulze-Delitzsch. Essi rifiutavano i principi della cooperazione di consumo come antesignana di una nuova società, rivendicando il loro ruolo di cooperative della e per la classe media, che dovevano convivere e crescere "con e non contro" il capitalismo, evitando in ogni modo di alimentare la lotta di classe in qualsiasi forma essa si potesse manifestare.

Si giunse addirittura ai voti: solo 2 delegati appoggiarono le proposizioni dei rappresentanti delle cooperative Raiffeisen e Schulze-Delitzsch, mentre 125 votarono a favore della risoluzione che riconosceva il movimento cooperativo come un grande progetto anticapitalistico di riforma sociale, fondato su mezzi pacifici e graduali, ma non per questo meno efficaci. Del resto tale posizione aveva il suo corrispettivo "istituzionale" nel rifiuto di chiedere e ottenere qualsivoglia aiuto da parte dello Stato. La vittoria del cosiddetto "socialismo cooperativo" era completa sul piano del principi, ma pericolosa su quello della solidità dell'ACI.

La risoluzione sul rifiuto dell'aiuto dello Stato era stata votata con una maggioranza molto inferiore a quella precedente: 102 contro 55. Ma a essa, ecco il vero problema, si erano opposte le potenti e appena affiliate cooperative agricole austriache e tedesche, che, con le Raiffeisen e le Schulze-Delitzsch, abbandonarono l'ACI.

Le radici lassalliane del movimento operaio tedesco venivano così saldandosi con quelle cattolico-sociali nel rivendicare allo Stato quella funzione di supporto ("lo Stato popolare" del Programma di Gotha contro cui Marx ed Engels scrissero pagine di fuoco che non ebbero effetto alcuno...) che l'altro grande filone del cooperativismo socialista, più vicino all'esperienza della Seconda internazionale, invece, all'epoca rifiutava, nel timore di ricevere da tale Stato più vincoli e costrizioni che aiuti e incoraggiamenti.

Ma la scissione che si produsse fu veramente poderosa: era la Federazione tedesca delle cooperative agricole che abbandonava l'ACI, che ne ebbe una perdita finanziaria e di prestigio assai forte.

Gli esponenti della cooperazione delle classi medie della più potente nazione europea abbandonavano l'ACI sancendo l'impossibilità di convivere con la cooperazione di origine socialista, che rapidamente, con la riforma statutaria voluta, paradossalmente, dai tedeschi, aveva conquistato la maggioranza dell'ACI, grazie al peso che in essa potevano ora assumere in forma determinante le cooperative e le federazioni, anziché le personalità individuali.

Naturalmente questa scissione indeboliva, però, il ruolo e il peso politico generale dell'ACI, che veniva *tout court* assimilata alle posizioni del movimento socialista internazionale, in tutte le sue variegate articolazioni. Emergeva così il ruolo e la funzione di classe della cooperazione, che i profeti dell'ACI delle origini si erano sforzati di non far emergere. Un tempo totalmente nuovo iniziava.

Gli inglesi, superando le durezze ideologiche della maggioranza degli affiliati, immediatamente mossero alla ricomposizione dell'associazione, vincendo resistenze e ostacoli di non poco conto. Furono sforzi senza esito alcuno. La scissione consumatasi si poneva nel verso dell'evoluzione del movimento sociale europeo.

Ciò che voglio qui sottolineare con pochi tratti, come ho fatto poc'anzi, è l'interrelazione delle vicende dell'ACI con quelle del movimento operaio europeo e internazionale: questo non era mai avvenuto prima ed è la dimostrazione di come una nuova era, molto diversa da quella delle origini, appariva all'orizzonte.

Il congresso di Copenaghen della Seconda internazionale del 1910, affermava, del resto, che i tre grandi pilastri del movimento operaio mondiale dovevano essere i partiti operai, i sindacati e le cooperative: sorreggendosi l'un l'altro mutuamente, pur nella loro rispettiva autonomia organizzativa. E il congresso dell'ACI di Amburgo dello stesso anno approvava una importante dichiarazione che affermava la profonda affinità tra la cooperazione di consumo e il socialismo come movimento reale di trasformazione della società capitalistica. Sarà questo l'orizzonte ideale in cui d'ora innanzi dovrà agire l'ACI nel periodo tra le due guerre.

Gli avvenimenti successivi daranno piena conferma a questa tesi.

Gli anni terribili tra le due guerre mondiali

Negli anni che vanno tra la Prima e la Seconda guerra mondiale il dibattito è determinato dai temi ideologici che riflettono lo sviluppo reale del movimento operaio e sociale negli avvenimenti terribili delle guerre e delle dittature, delle grandi speranze e dei profondi conflitti ideologici che divideranno profondamente tutto quell'universo riformatore che prima della Grande guerra pareva muoversi verso una sostanziale unità d'intenti. La prima questione fu quella del rapporto tra cooperazione di consumo e cooperazione di produzione. La crescita che ebbero negli anni Venti e Trenta le cooperative agricole, di artigiani e di operai, impedì che, come poteva accadere dopo la scissione, solo alla cooperazione di consumo venisse affidata una funzione riformatrice, indebolendo in tal modo di molto il ruolo dell'ACI.

Un importante ruolo in questo settore, sul piano pratico e su quello ideologico, fu svolto dal Bureau international du travail, che già nel 1919 creò un'apposita sezione di lavoro dedicata allo sviluppo della cooperazione, in stretto contatto con quella relativa alle organizzazioni sindacali dei lavoratori: ciò favorì la diffusione e la crescita del movimento di produzione e lavoro.

Un altro tema importantissimo fu quello del rapporto con le organizzazioni internazionali sorte dopo la Prima guerra mondiale. Per comprendere l'importanza di questo argomento dobbiamo dedicare attenzione all'atteggiamento dell'ACI nel corso del conflitto.

La prima osservazione da fare è che la guerra non segnò negativamente i rapporti tra i leader del movimento cooperativo internazionale. Come ha dimostrato Rita Rhodes, essi continuarono a comunicare e dialogare anche allorquando combatterono in fronti avversi lasciando spesso la vita sul campo di battaglia.

Mentre le internazionali operaie non avevano impedito le lacerazioni e il massacro fratricida dei lavoratori europei, il movimento cooperativo continuava a essere indenne e immune dallo sciovinismo e dal nazionalismo, fatta salva la partecipazione patriottica alla difesa della propria nazione.

L'unico evento che segnò i rapporti tra le varie centrali nazionali fu l'impossibilità di continuare a stampare da Londra, roccaforte dell'ACI, il "Bollettino internazionale cooperativo" in lingua tedesca, per disposizione delle autorità militari. Un'edizione iniziò così ad apparire per i tipi delle editrici tedesche, ma nulla mutò nella sostanza. Diverso è il discorso, che non possiamo far qui, sul ruolo che i rispettivi movimenti cooperativi svolsero nei vari paesi durante la guerra. Essi sopportarono gravosi oneri sociali di tipo annonario e di mobilitazione delle energie produttrici, in quel generale moto verso la razionalizzazione dirigista che investì tutte le nazioni europee, con più o meno forza. Molti dirigenti cooperativi furono, del resto, chiamati a prestare la loro opera presso gli uffici della mobilitazione industriale, saldando in tal modo sempre più strettamente i legami tra il movimento e l'organizzazione statuale, al di là di quelle che erano state ed erano le dichiarazioni di indipendenza nei confronti dello Stato.

Un'altra conseguenza importante della guerra fu l'adesione all'ACI delle cooperative delle nuove nazionalità che sorgevano dalla disgregazione dell'impero turco e russo e soprattutto di quello austro-ungarico.

Il tutto si svolse con grande senso della unità che bisognava assicurare a un movimento che poneva, sulla disgregazione di tali imperi, le basi per una sua nuova crescita.

Decisiva fu, a questo proposito, l'identificazione che vi fu, soprattutto per impulso di Charles Gide, tra ACI e Lega delle nazioni.

La lotta per la pace divenne una delle bandiere dell'ACI in una forma e in una misura prima mai così intensamente affermatasi. Si interpretò, in tal modo, un'ispirazione profonda del movimento cooperativo internazionale, che sempre incoraggiò e appoggiò decisamente gli atti e le dichiarazioni della Lega. Una forte spinta in questo senso veniva dai delegati della cooperazione scandinava, che svolsero un ruolo importantissimo a questo proposito: Gide aveva aperto la strada a livello teorico: essi la continuavano con la loro opera. Un'opera che continua ancor oggi, coinvolgendo i governi, dando a quelle democrazie dei meriti storici grandissimi.

Molti dei leader del movimento cooperativo internazionale (Albert Thomas, Karl Renner, Väinö Tanner, tra i più importanti) divennero nel dopoguerra eminenti uomini politici e svolsero un ruolo di primo piano nei loro paesi.

Questo processo era la cristallizzazione personale dei rapporti tra cooperazione e politica tanto trasformatisi durante la guerra. L'affiliazione politico-partitica non era più indiretta, ma, nella maggior parte dei casi, diretta e riguardava la maggioranza delle centrali nazionali cooperative. La politica, tramite il legame con lo Stato instaurato si nel corso della guerra, era entrata profondamente nel movimento, cosicché i rapporti erano ormai senza più mediazione alcuna. Tale questione divenne centrale allorquando si trattò di accogliere nell'ACI le cooperative dell'URSS. Anch'esse erano una creatura della disgregazione degli imperi e, insieme, della rapida formazione di un'altra istituzione neo-imperiale.

Dopo una visita di due rappresentanti della cooperazione inglese e dell'ACI in URSS nel 1918, si delineò la politica che la maggioranza dell'ACI espresse in merito ai rapporti non soltanto con le cooperative sovietiche, ma anche con il comunismo di origine sovietica.

In un primo momento tutti gli sforzi della cooperazione internazionale furono rivolti a superare il blocco che le potenze dell'Intesa avevano stretto attorno alla Russia dilaniata dalla guerra civile, usando i canali cooperativi come strumento di rifornimento di generi alimentari e di prima necessità per le grandi masse colpite dalla carestia.

Diverso e più complesso fu il rapporto che si instaurò con la stabilizzazione del potere sovietico. In un primo luogo dopo l'affermazione della NEP. Essa aveva significato, per Lenin e poi per la maggioranza per breve tempo raccolta attorno a Stalin negli anni Venti con la breve e decisiva influenza di Bucharin, la considerazione positiva delle necessità dei piccoli proprietari contadini e dei piccoli imprenditori dell'URSS. Secondo la teoria leniniana, se le cooperative erano, durante il capitalismo, "istituzioni collettive capitalistiche", esse, durante il socialismo e il comunismo, divenivano imprese collettive non antitetiche con la proprietà statale socialista che caratterizzava i rapporti di produzione e governava quello che ancora rimaneva dei processi di produzione del valore capitalistico, che andava via via estinguendosi tra conflitti e contrasti (quelli che daranno a Stalin la "giustificazione" teorica delle purghe).

I rapporti tra ACI e Centrosoyous (la Centrale cooperativa dell'URSS) furono tumultuosi, soprattutto all'inizio, con alterni colpi di scena durante le riunioni internazionali, dove svizzeri, tedeschi e francesi, da un lato, erano decisi a soprassedere rispetto all'ammissione del Centrosoyous nell'ACI, e inglesi – che avevano fortissima simpatia per l'esperienza sovietica per la decisa influenza (che crescerà nel tempo, come la simpatia) dei coniugi Webb – italiani e americani, dall'altro, decisamente favorevoli a una immediata ammissione delle cooperative sovietiche.

Al congresso di Basilea del 1921 i rappresentanti sovietici venivano ammessi a far parte dell'ACI sotto il patrocinio anche della Lega delle nazioni, sventando in tal modo il timore che era serpeggiato tra le file dell'ACI che venisse creandosi, così come si stava facendo alacremente sul piano politico e sindacale nazionale, una internazionale cooperativa di matrice sovietica. Essa si sarebbe presentata sin da subito come un temibile concorrente anche nei paesi non a dittatura bolscevica. Questa tentazione fu sventata, consentendo all'ACI di non soffrire di una nuova e ben più pesante scissione tra le sue file.

La visita dell'ACI a Mosca nel 1922, in cui un ruolo importantissimo lo svolsero gli entusiastici delegati inglesi, sancì definitivamente l'ammissione del Centrosoyous nell'organizzazione internazionale.

Si tratta di un avvenimento significativo nella storia non solo del movimento operaio e sociale del Novecento, ma anche in quella dei rapporti internazionali, per il peso diretto che lo stalinismo sempre svolse in questo campo grazie alle organizzazioni comuniste internazionali. Si tratta di un'eccezione singolare e non priva di aspetti che debbono ancora essere indagati con acribia scientifica e ampiezza di visione storico-generale, senza rinunciare ad addentrarsi nei meandri della storia segreta e inaccessibile delle relazioni tra grandi potenze.

I rapporti furono, tuttavia, sempre difficili: i sovietici non rinunciarono mai alla polemica ideologica, spesso tanto serrata quanto pretestuosa: ma una scissione non si determinò mai.

La Rhodes si è posta il problema della resistenza e dell'esistenza stessa di questi rapporti apparentemente inspiegabili dal punto di vista ideologico e non ha saputo dare alle sue domande nessuna risposta. A mio avviso tal risposta non va cercata all'interno delle dinamiche del movimento cooperativo, ma all'esterno di esso. O meglio, al confine tra esso e gli Stati a cui apparteneva, alle diplomazie segrete che ne formavano la politica estera: era il ruolo di mediazione e di contatto che il movimento cooperativo internazionale poteva svolgere che interessava non solo ai cooperatori ma anche ai loro rispettivi governi.

La cooperazione si presentava come una realtà abbastanza "neutrale" da non ingenerare sospetti di eccessive implicazioni e, nello stesso tempo, abbastanza importante per far giungere tramite essa quei messaggi di distensione oppure di minaccia larvata o velata di cui inevitabilmente la politica ha bisogno al di là di tutte le avversità e gli odii ideologici. Tocca agli storici del futuro, soprattutto ora che gli archivi ex sovietici sono consultabili, l'onere affascinante di ricostruire la segreta rete di queste relazioni.

Se questa era la situazione che si delineava tra le due guerre rispetto alle conseguenze del conflitto (dirò in seguito della questione tedesca e spagnola, quando affronteremo il problema dell'approssimarsi della Seconda guerra mondiale) è molto importante dar conto di quanto avvenne in questi anni rispetto al dibattito ideale sui principi cooperativi.

Seguendo il modello proposto dalla Rhodes, si delineano precisamente in questi anni quattro filoni di pensiero. Il primo era quello inglese, di cui abbiamo discusso. Il secondo quello di origine francese, il cui principale esponente era Charles Gide, da me già illustrato.

Il terzo filone che si delineò più compiutamente, appunto in questo ventennio, era quello scandinavo, il cui protagonista più insigne fu Anders Oerne. Per Oerne i principi di Rochdale dovevano divenire quelli di tutta la cooperazione, non soltanto di quella di consumo, e dovevano estendersi in alternativa al sistema capitalistico, più intensamente e rapidamente di quanto già non preconizzasse Gide.

La ragione di ciò risiedeva nel connotato non utopistico della cooperazione: la radice di ciò era nel suo fondamento utilitaristico, superiore a quello che ogni lavoratore ritrovava prestando la sua opera nell'impresa capitalistica. Per Oerne la cooperazione doveva divenire tanto un'alternativa al capitalismo quanto alla pianificazione centralizzata burocratica che si stava stagliando con tutta chiarezza nell'URSS staliniana.

Il quarto filone di pensiero emerge negli anni tra le due guerre non dal profondo dei movimenti nazionali, come era il caso di quelli testé ricordati, quanto, invece, dal seno dell'ACI, scossa da un dibattito ideologico di grande ampiezza e che non è ancora stato ricostruito con quella profondità e quella analiticità che meriterebbe.

Furono i francesi a iniziare il dibattito, chiedendo in varie sedi un ripensamento dei principi di Rochdale, sotto l'influenza sia della cooperazione sovietica, sia di quanto stava accadendo in Italia sotto la dittatura fascista rispetto alla cooperazione.

Un altro profondo elemento di riflessione derivava dall'espandersi, dentro e fuori l'ACI, di settori cooperativi, in principal modo nel settore del credito e nell'associazionismo di secondo grado, che non ponevano al centro della loro azione e della loro ideologia i principi gestionali e proprietari del voto per testa indipendentemente dal capitale sociale individualmente apportato alla cooperativa.

Al congresso di Vienna del 1930 queste tensioni teoriche esplosero sotto la pressione dei francesi e quella dei sovietici. Questi ultimi attaccavano il principio della distribuzione tra i soci degli utili sociali (che non tutte le cooperative degli Stati capitalistici applicavano, come è noto) stigmatizzandolo come un retaggio della distribuzione degli utili di natura capitalistica, retaggio che doveva essere superato con la gestione socializzata di tutte le forme di sovrappiù. Si sviluppò una vivacissima discussione internazionale, con una amplia consultazione. I risultati furono molteplici e qui possono solo esser sintetizzati per grandi linee. Per quanto riguarda il commercio interno al sistema cooperativo esso doveva essere sommamente incoraggiato come strumento sistematico, al fine di tendere all'eliminazione dei rapporti di sfruttamento tra le cooperative, anziché di collaborazione. Il principio volontaristico, tipico delle società libere, era rivendicato come essenziale per l'agire cooperativo, anche se si ammetteva ch'esso poteva temporaneamente esser messo a tacere in quelle dittature in cui la libertà non era alla base dei rapporti sociali, senza che i più generali principi cooperativi potessero essere infranti (questo punto fu assai controverso e fu un duro prezzo pagato per la continuità della presenza sovietica nell'ACI).

Le legislazioni nazionali cooperative dovevano essere ispirate dai principi di Rochdale ovunque era possibile, soprattutto per quanto concerneva la questione dell'indivisibilità del capitale sociale.

In definitiva, quello che era iniziato come un dibattito diretto a mettere in discussione i principi di Rochdale si concludeva, salvo il *vulnus* in merito alla libertà associativa, con una riconferma plebiscitaria dei medesimi, in forma solenne, pur con le mediazioni necessarie in tempi oscuri e difficili per la democrazia e le conquiste sociali.

Gli svedesi erano ancor più rigidi nella difesa dei principi. Ciò emerse bene nel congresso di Londra del 1934: per quanto concerneva la cooperazione di credito, essa non doveva essere praticata se non li rispettava integralmente, rifiutandosi ogni mediazione. E altrettanto intransigenti erano sul principio, generalmente disatteso, dell'indipendenza e dell'autonomia dalla politica.

Questa riaffermazione dei principi di Rochdale rifletteva il peso maggioritario che nell'ACI ancora avevano le cooperative di consumo, intese come antesignane della nuova società e creatrici di una relazione diretta fu tra produttori e consumatori.

Molte di queste condizioni, come vedremo, muteranno nel secondo dopoguerra.

Ma ora, per comprendere il complessivo contesto in cui la cooperazione internazionale si mosse nel periodo tra le due guerre, occorre considerare brevemente quale fu il rapporto che l'ACI instaurò con il fascismo e il nazismo.

È ormai superata, da molti anni, a partire da un mio saggio che quando apparve sembrò scandaloso, la visione per la quale le dittature di destra avessero significato il soffocamento *tout court* della cooperazione. Piuttosto che di distruzione che avvenne in forma terroristica nel tempo dell'affermarsi delle dittature, si trattò, infatti, di eliminazione del ruolo delle èlites predittatoriali, di burocratizzazione e di distorcimento dei principi partecipativi, per far della cooperazione uno strumento del regime reazionario di massa.

L'ACI rifletté, nel suo comportamento, questa situazione. Dopo aver direttamente protestato per le violenze fasciste contro le cooperative e dopo aver condannato la dittatura, la cooperazione italiana fu espulsa dall'ACI. Solo agli inizi degli anni Trenta ripresero dei tenui contatti con i cooperatori italiani riuniti nell'Ente nazionale fascista della cooperazione. Si permise loro di visitare tal une cooperative europee aderenti all'ACI (e di questi viaggi si conservano i rapporti, di grandissimo interesse), ma non si riaprirono più le porte dell'ACI ai cooperatori del Partito nazionale fascista. L'ACI riaffermava, in tal modo e in questo caso, la fedeltà alla lettera e allo spirito dei principi di Rochdale.

La riaffermazione di questi principi fu meno indiscussa e unanime quando si trattò di confrontarsi con il fenomeno della cooperazione nazista. Un problema e un evento solo apparentemente paradossale. Il paradosso derivava dal fatto che la violenza nazista fu indubbiamente più forte e dispiegata di quella fascista. E inoltre, la distruzione di ogni vestigia classista o professionale, fu ben più determinata nello Stato nazista che in quello fascista. In quest'ultimo ciò non poté avvenire ed è anche per tal motivo che è sbagliato definirlo totalitario, per il ruolo che in esso sempre svolsero istituzionalmente la monarchia, la Chiesa cattolica e l'esercito, come potenze non assorbibili nella struttura monopartitica della dittatura, anche se i tentativi da parte fascista non mancarono. E anche l'antica e prefascita struttura di rappresentanza sindacale fu conservata, pur svuotata dal soffio di libertà che la animava, costruendo una Confederazione nazionale delle corporazioni sindacali. Così come si fece specularmente per l'organizzazione delle cooperative.

In Germania, invece, sotto il ben più terribile e ferreo dominio nazista, tutto fu distrutto e "assorbito" nella struttura del Fronte nazionalsocialista del lavoro, facendo disparire anche la vestigia del più possente movimento sindacale del mondo e del più vigoroso movimento cooperativo europeo che fu riassorbito nell'organizzazione dei consumatori nazista.

Le divisione interne all'ACI si rivelarono mano a mano che il processo di nazistificazione si affermava. Nell'esecutivo dell'ACI solo le cooperazioni inglese, svizzera e cecoslovacca furono sempre decisamente contrarie, sino a rifiutare qualsivoglia atto diplomatico nei confronti delle ex affiliate tedesche, anch'esse, peraltro, espulse. Ma le posizioni erano variegate. Quelle dei francesi, ad esempio, evolsero in senso differenziato e più attento alle ragioni naziste. Le argomentazioni, del resto, non erano del tutto infondate sul piano tattico, piuttosto che dei principi: come poteva giustificarsi la presenza della cooperazione sovietica e l'assenza di quella nazista? La risposta che possiamo dare a questa domanda non può essere ricercata solo nel peso economico delle due cooperazioni. Ché una risposta di questo tipo avrebbe dovuto far pendere l'ago della bilancia ben più fortemente a favore di quella tedesca, una potenza ben più compatta e interessante, per i cooperatori europei, sul piano economico, di quella sovietica, rinserrata in una autarchia che rifletteva quella del "socialismo in un paese solo". La risposta è tutta e soltanto politica e ideologica. Il rapporto con l'URSS fu dialettico e non privo di fermenti utopici che mascheravano e facevano dimenticare gli orrori dello stalinismo, mentre avanzava la bestia nera del fascismo e del nazismo: basterà pensare, a questo proposito, a Otto Bauer e all'austromarxismo...

Anche il ruolo che alla testa dell'ACI svolse in questi anni il suo presidente, il finlandese Väinö Tanner, eletto a questa carica nel 1927, contribuiva a sviluppare una sostanziale preferenza verso la dittatura staliniana, nella condanna di quella fascista e nazista. Egli rappresentava, nella sua stessa vita, tutta la complessità del movimento operaio e cooperativo scandinavo. Sorto all'ombra di quello russo e poi nei riverberi inquietanti di quello sovietico, quel movimento aveva fortissimi legami con quello tedesco.

Tanner stesso, del resto, aveva lavorato in gioventù con uno dei più grandi leader del cooperativismo tedesco, poi distrutto dal nazismo: Heinrich Kaufmann, che sino all'ultimo tentò di "contrattare" con il nazismo il "salvataggio" dell'autonomia della cooperazione tedesca, senza successo alcuno. Tanner, nel corso della sua vita, ebbe un'evoluzione ideologica che smentì la sua originaria ispirazione, giungendo a essere affiliato al movimento nazista finnico prima della Seconda guerra mondiale, creando scompiglio e sconcerto nell'ACI, che perse, via via che proseguiva l'avanzata del movimento nazista, prima la cooperazione austriaca, già minacciata da Dolfuss e schiacciata in seguito dall'Anschluss, poi la cooperazione cecoslovacca e quella polacca.

La guerra civile spagnola, d'altro canto, infiammava l'animo degli antifascisti e costringeva anche i più accaniti sostenitori della neutralità politica cooperativa a scendere in campo a difesa della democrazia, come emerse nettamente nel corso del congresso parigino del 1937, dove la condanna della rivolta militare contro la Repubblica democratica fu in definitiva assai ferma, dando un notevole impulso all'aiuto che le cooperative inglese, francesi e scandinave, soprattutto, diedero alla difesa della libertà. La barbarie nazista, tuttavia, lambiva le radici europee del movimento, incrinandone la compattezza democratica a partire dai tentennamenti che si riscontravano al vertice dell'organizzazione internazionale.

Fu tuttavia in questo periodo che emerse significativamente un aspetto importante dell'attività e della natura dell'ACI. Essa era divenuta molto di più della rappresentanza economica di un movimento di interessi, sia pure associati su una piattaforma di azione profondamente riformatrice dell'ordine esistente.

L'ACI, e qui bisogna ricordare quanto si è detto in merito ai suoi legami con il BIT e la Lega delle nazioni, era anche un'importante organizzazione internazionale che voleva svolgere, al di là di tutte le resistenze che dal suo stesso seno sorgevano per timore che così facendo si potesse incrinare la forza stabile e sicura del mondo cooperativo, un ruolo attivo nelle vicende internazionali.

Ma i tempi erano quelli tumultuosi tra le due guerre mondiali, quando i legami tra politica estera e politica interna erano strettissimi e immediato era il riflesso tra le prese di posizioni che si assumevano su cruciali avvenimenti internazionali e la collocazione nazionale del movimento cooperativo.

Quanto affermo emerge con nettezza, io credo, e per questo va ricordato il problema, in occasione della guerra sino-giapponese del 1937.

L'ACI si distinse in quel frangente per una fortissima opposizione al militarismo nipponico, nonostante che da dieci anni il movimento cooperativo giapponese fosse affiliato all'ACI, per un totale di circa sei milioni di soci, tra i settori agricolo, di consumo e di credito.

Il movimento cooperativo cinese, a sua volta, non soltanto non era affiliato all'ACI, ma, in proporzione alla densità degli abitanti, era molto più debole di quello giapponese, contando, negli stessi anni, appena due milioni di aderenti circa.

L'ACI, non senza divisioni nel suo seno, propose il boicottaggio delle produzioni cooperative giapponesi che venivano acquistate da altri settori del movimento internazionale, provocando accese discussioni in Asia e in Europa.

Henry May fu il leader cooperativo che meglio espresse la necessità di superare qualsivoglia forma di neutralità allorché la basi stesse dalla civiltà si vedevano minate e minacciate dal fascismo internazionale. Esso era ormai una potenza che aspirava a divenire mondiale e dinanzi a ciò dovevano cadere tutti i tentativi diplomatici di accomodamento: solo la polemica frontale e diretta poteva salvare la democrazia e con essa la cooperazione come movimento sociale riformatore.

Questa era la ragione del boicottaggio delle produzioni cooperative giapponesi: non essendosi, quel movimento, dissociato dal militarismo aggressivo del suo governo, doveva pagarne le conseguenze, perché aveva infranto i principi di pace universale su cui era sorta l'ACI.

I giapponesi, del resto, abbandonarono l'associazione internazionale per manifestare in tal modo la loro fedeltà all'imperatore.

Soltanto nel 1952, nel corso dell'amministrazione americana, essi furono riammessi, dopo formale richiesta, nell'ACI. Quest'ultima venne in tal modo qualificandosi, nel corso dei due grandi conflitti mondiali, come un'associazione che non può comprendersi se non cogliendo quanto di comune vi è in essa con la vicenda del movimento operaio internazionale e con la Seconda internazionale *in primis*. Infatti, nonostante i continui propositi polemici che sia i francesi sia gli scandinavi sempre espressero sul tema della neutralità politica, mai questo principio fu meno rispettato che negli anni Venti e Trenta.

Quando nel 1936 Edvard Benes, il Presidente della Cecoslovacchia, lanciò la famosa sua Campagna internazionale della pace, si rivolse anche all'ACI, affinché quest'ultima aderisse e vi facesse aderire le cooperative sue affiliate. Dopo circa un anno di titubanza, di discussioni e di ripensamenti, l'ACI aderì alla proposta di Benes con una piattaforma che tutto riguardava fuorché i problemi immediati della cooperazione e che reclamava, invece: inviolabilità dei trattati internazionali, che andava garantita; la riduzione e la limitazione degli armamenti grazie a un accordo internazionale, con la soppressione di ogni profitto derivante dalla produzione e dal commercio di armamenti; il rafforzamento della Lega delle nazioni per prevenire e arrestare le guerre con l'organizzazione della sicurezza collettiva; la creazione, nell'ambito della Lega, di meccanismi operativi diretti a impedire le guerre risolvendo i problemi internazionali volta a volta che si determinavano.

Questi principi sono propri del pacifismo e dell'internazionalismo socialista riformista del Novecento. Esso è lontano mille miglia dall'internazionalismo comunista e marxista e affonda le sue radici nel solidarismo cristiano e nell'utopismo socialista che, come si è detto, sono alla base dell'ACI.

Tali principi, che parevano in sordina allorché lo sviluppo economico del movimento cooperativo internazionale si dipanava con forza e pareva assicurare con la sola sua forza una crescita armoniosa, questi principi, dinanzi all'orrore della guerra fascista e nazista, divenivano ora le bandiere dell'ACI.

Nonostante ciò l'ACI fallì quando non seppe e non poté difendere la cooperazione cinese, cecoslovacca, polacca e spagnola dall'aggressività bellicista del fascismo internazionale.

Ma l'ACI non fallì in quanto organizzazione internazionale protesa a rinnovare il messaggio utopico di pace della cooperazione: la Seconda guerra mondiale, se la divise, non provocò, tuttavia, lacerazioni irreversibili nelle sue file. Anzi, per certi versi, proprio il carattere mondiale della guerra consentì all'ACI di espandersi anch'essa a livello mondiale.

La presa di posizione in merito alla guerra sino-giapponese, ad esempio, conquistò all'Alleanza la fiducia dei popoli del sud-est asiatico che avevano combattuto contro i giapponesi e consentì, quindi, all'ACI di operare in quelle terre difficili e per essa nuove con un credito internazionale assai ampio, che fu decisivo per gli sviluppi del secondo dopoguerra.

Questa scelta coraggiosa permise, a parere mio, all'ACI di sopravvivere nonostante le profonde ferite che al suo gruppo dirigente e al movimento cooperativo furono inferte durante l'agone bellico.

Se il suo presidente fu isolato dall'organizzazione per tutto il conflitto, impossibilitato a stringere contatto alcuno con un'associazione di cui, in verità, aveva tradito i principi, decisiva e drammatica fu anche la sorte del suo principale intellettuale, Henry May, infaticabile redattore, scrittore e diffusore della rivista internazionale, che si spegneva minato dal cancro il 15 novembre del 1939, proprio dopo aver appena concluso un lungo viaggio in Estonia, Lituania, Danimarca, Svezia e Francia, per cercare di stringere più forti legami con quegli stati minacciati nella loro integrità dagli eventi bellici e per organizzare una rete di comunicazioni che resistesse nella guerra che si approssimava.

Una delle raccomandazioni che May lasciò agli amici poco prima della sua morte fu profetica: l'ACI doveva sin da subito, già nel corso della guerra, preparare una alternativa organizzativa alla guerra medesima, utilizzando in positivo lo stesso allargamento mondiale del conflitto: la risposta non poteva che esser l'espansione del movimento al di là dei confini europei. Il conflitto sino-giapponese, da questo punto di vista, era stato già la prova generale delle possibilità dell'ACI in questo senso.

Questa indicazione era un obiettivo che l'ACI doveva assolutamente far proprio quando la sua struttura europea era indebolita dalla guerra.

Durante il corso di essa, naturalmente l'influenza inglese sull'ACI crebbe per inevitabili ragioni: per il peso che quel paese aveva esercitato sulle vicende della cooperazione internazionale e per il ruolo che gli inglesi svolsero nel conservare la funzionalità e l'efficienza dell'ACI durante il conflitto.

Dopo la guerra, allorquando Tanner rassegnò le sue dimissioni dalla carica di presidente (non interessa qui immergerci nelle discussioni che ci furono sul suo ruolo e sulla sua figura), a succedergli fu significativamente chiamato l'inglese Robert Palmer.

Ma i temi più interessanti, per il filo generale del discorso in questo lavoro intrapreso, sono quelli del rapporto che si instaurò, nella teoria e nei fatti, tra movimento cooperativo e Stato nei paesi in cui il primo aveva le sue radici oppure s'era sviluppato a partire dagli inizi del XX secolo.

La Seconda guerra mondiale, e più della prima, aveva significato un forte intervento dello Stato nell'economia, con una perversità economica e tecnologica quale mai prima si era registrata. Tuttavia l'elemento di profonda novità risedeva nel salto di qualità che questo intervento ora veniva assumendo rispetto alle questioni sociali.

Sono gli anni del Piano Beveridge, che ancora in guerra, nel 1943, la "Review of International Co-operation" illustra dettagliatamente ed entusiasticamente.

Beveridge e il suo piano non sono che l'emblema di una trasformazione in corso nello stesso atteggiamento mentale della cooperazione inglese, che deteneva ancora le redini della direzione internazionale di movimento. Per gli uomini delle Trade unions e del movimento cooperativo, il legame tra socialismo e riforma sociale era inscindibile. Il movimento cooperativo era una parte essenziale del disegno di trasformazione gradualistica del capitalismo, sino ad abolirne i caratteri costitutivi. Le originarie posizioni di autonomia dallo Stato e dal suo intervento erano, in questa visione teleologica, via via offuscate, soprattutto come ho ricordato, per opera della predicazione e del magistero intellettuale dei coniugi Webb, che dalla Fabian Society irradiavano, su tutto il complesso apparato del movimento riformatore inglese, la loro influenza.

Da questo punto di vista il Piano Beveridge non poteva che incrementare l'egemonia dei Webb e costituirne quasi l'apoteosi: ma ciò voleva anche dire, d'altra parte, la fine dell'autonomia del movimento cooperativo rispetto allo Stato. La polemica non poteva non accendersi.

Chi legge gli atti del Comitato esecutivo dell'ACI di Parigi del marzo 1940, è impressionato dalla vivacità del dibattito che vi si volge, con le armate naziste che percorrono l'Europa e la civiltà occidentale messa a repentaglio dalla barbarie nazista.

Ebbene, in questo contesto, i cooperatori discutono, in pieno conflitto, del futuro del movimento, riprendendo la polemica su uno dei punti essenziali dell'identità cooperativa. Sono significativamente gli americani della Cooperative League of the USA a iniziare la discussione. E la polemica non può che essere fortissima contro gli inglesi. Per il delegato americano la divisione tra cooperazione e "statalismo", come dicono riferendosi all'intervento statale, non può che essere completa.

Lo Stato non può che limitare la libertà di azione e di rinnovamento della cooperazione, irrigidendola burocraticamente. Se in Europa, si afferma toccando il punto essenziale, il movimento cooperativo si è sviluppato con il socialismo, negli USA esso si è sviluppato al di fuori, se non contro, il socialismo, e, quanto meno, nella separazione tra i due poli del movimento riformatore.

Di qui la vitalità specifica e autoctona del movimento americano e la sua autonomia sia dal socialismo sia dallo Stato. La cooperazione doveva rafforzare la sua vocazione anticapitalistica in piena autonomia, dimostrando in tal modo l'intrinseca fallacia delle ricette capitalistiche e del libero mercato. Del resto, affermarono politicamente gli americani, se si erano esclusi dall'ACI gli italiani fascisti, che dire, allora, della statolatria di altri movimenti cooperativi?

I termini del dibattito c'erano veramente tutti.

Tale dibattito riprese a intervalli sulla rivista, ma forse il contributo più significativo e rappresentativo di una realtà internazionale che con sempre più forza voleva contare nel panorama internazionale cooperativo fu quello che venne da Antonio Fabra Ribas, esule spagnolo in Colombia, dove si era rifugiato dopo la vittoria delle armate franchiste sui repubblicani spagnoli. Per Fabra Ribas il rapporto tra Stato, imprese capitalistiche e imprese cooperative non era statico, ma veniva subendo continuamente trasformazioni e aggiustamenti: il peso reciproco di tali settori o di tali forme di costruzioni sociali dell'economia variava secondo i frangenti e i contesti storici.

Tra tutti i tre settori quello cooperativo era eticamente da favorire, perché fondato sull'altruismo e sulla volontarietà. E lo Stato non era da intendersi come un'entità statica sempre contraria ai principi del cooperativismo: vi era una sostanziale differenza tra Stato nazista, per esempio, e Stato democratico. Per l'esule spagnolo, il ruolo di Stati latinoamericani come il Perù, il Venezuela, il Brasile e la Colombia, era profondamente differenziato, rispetto alla cooperazione. Si trattava, del resto, di Stati diversi come origine (come tutti gli Stati sudamericani) da quelli sia europei sia nordamericani. Essi svolgevano, allorché erano democraticamente ispirati, un ruolo non aprioristicamente contrario al movimento, anzi, molto spesso, lo sorreggevano e lo incoraggiavano.

In un mondo in rovina come quello che scorreva sotto i suoi occhi, Fabra Ribas auspicava un totale rinnovamento ideale e politico della concezione stessa della cooperazione. Quest'ultima, capovolgendo impostazioni storiche consolidate, doveva abbandonare una neutralità che poteva spesso essere suicida e divenire, invece, essa stessa, la migliore garanzia della solidità dei ricostituiti Stati democratici in tutto il mondo.

È impressionante riscontrare, a fronte di questo dibattito elevato e appassionato, di grande attualità, almeno così a me pare, la pochezza delle argomentazioni della centrale inglese: la sua ispirazione è eminentemente burocratica, l'angustia nazionale, quando non nazionalistica, è desolante, tutta preoccupata di sottolineare, più che la grandezza dei compiti, la loro finitezza.

È questo iato tra ricchezza storico-reale del movimento e debolezza intellettuale dei suoi gruppi dirigenti a rivelare una delle intime contraddizioni dell'ACI, non soltanto negli anni terribili tra le due guerre.

Dalla ricostruzione alla guerra fredda

La situazione mondiale cambiava radicalmente. La guerra non soltanto aveva posto drammaticamente all'ordine del giorno la globalità dei processi di aggressione, ma aveva anche implicitamente sottolineato la necessità inderogabile di prevenire i conflitti, al di là di ogni divisione ideologica e di ogni egoismo geopolitico.

L'ACI, nonostante le chiusure e le limitazioni teoriche che angustiavano il suo gruppo dirigente, si mosse consapevolmente su questa linea già negli anni del conflitto, fedele ai suoi principi ispiratori che aveva meglio precisato, nella loro concreta articolazione, nella bufera degli anni Venti e Trenta. L'occasione per rendere esplicita questa politica fu la Conferenza di Washington del BIT del 1941, dove si posero le basi della riflessione, nel pieno di una guerra ancora incerta e violentissima, dell'attività degli organismi internazionali, organizzando una Conferenza per la pace e la ricostruzione.

L'ACI si candidò a rappresentare non soltanto il movimento cooperativo, ma anche a qualificarsi come una delle organizzazioni che dovevano e potevano porsi alla testa dei futuri sforzi ricostruttivi.

I cooperatori americani, dal canto loro, all'inizio del 1942 diedero vita a un Comitato internazionale per la ricostruzione cooperativa, a cui gli inglesi si sforzarono di affiancare un reale sostegno delle organizzazioni nazionali, anche per prepararsi a respingere eventuali tentazioni egemoniche nordamericane, che potevano essere giustificate, del resto, più che dal dibattito ideologico che era in corso, dall'andamento della guerra.

A Manchester, infatti, nel giugno del 1942, gli inglesi convocarono una conferenza internazionale a cui parteciparono rappresentanti belgi, austriaci (tra i quali Bruno Kreisky, il futuro cancelliere socialdemocratico), cecoslovacchi, scandinavi.

La questione più urgente che fu discussa fu la possibilità di usare i canali del movimento cooperativo per la distribuzione delle derrate alimentari nei territori europei che via via venivano liberati dall'avanzare delle forze alleate, mentre tutti i settori aderenti all'ACI dovevano, al seguito delle truppe, mobilitarsi per ricostruire il movimento cooperativo laddove era stato distrutto o stravolto dal tallone dell'occupante.

D'altro canto, nello stesso periodo l'ACI entrava in contatto con i governi in esilio della Polonia, della Cecoslovacchia, della Jugoslavia, della Norvegia, dell'Olanda e del Belgio, tutti con una rappresentanza o una sede londinese, per instaurare rapporti diretti al fine di favorire la futura opera di ricostruzione dei movimenti e per garantirsi l'appoggio di questi governi in esilio, così da ottenere le migliori condizioni per essere ammessa al Comitato Interalleato per il dopoguerra e la ricostruzione, con cui i rapporti erano difficili per il ruolo unicamente di supporto tecnico e logistico che quest'ultimo sempre volle affidare e affidò al movimento cooperativo nello sforzo bellico.

Più produttivi furono i contatti con il governo militare alleato dei territori occupati (AMGOT), che usò i cooperatori per instaurare stabili rapporti con le élite locali, giungendo sino ad affidare all'ACI, nella persona di William Pascoe Watkins, il delicatissimo compito di promuovere, nell'ambito della generale campagna di denazistificazione, la ricostruzione su basi democratiche del movimento cooperativo tedesco.

Quando, sotto l'auspicio delle Nazioni Unite, si fondò l'UN-RRA, lo strumento principale per la ricostruzione del dopoguerra, a fianco del Piano Marshall, i legami di essa con l'ACI furono intensi e strettissimi, soprattutto sul piano dell'informazione economica e su quello pratico della ricostruzione dei reticoli del commercio, soprattutto delle derrate alimentari.

Dell'UNRRA l'ACI fu membro invitato, nell'ambito del programma di ricostruzione cooperativa che la stessa UNRRA fece proprio, soddisfacendo in tal modo una profonda ispirazione dell'ACI stessa, che nel contempo dava vita a una campagna internazionale di raccolta di fondi per la ricostruzione del movimento in Spagna, in Finlandia e in Cecoslovacchia, sotto l'impulso dei potenti movimenti scandinavo e svizzero.

Intanto i rapporti tra il movimento cooperatore inglese e nordamericano si intensificavano. Entrambi decisero di dar vita nel 1943 a specifiche e rispettive conferenze sulla ricostruzione del movimento cooperativo, dove fu decisivo l'impegno degli americani sul piano internazionale: del resto Murray Lincoln, presidente della Cooperative League, era anche membro, in rappresentanza del suo governo, della Conferenza delle Nazioni Unite per gli aiuti alimentari e seguiva attentamente la direttive del governo americano (contraddicendo molte delle tesi sostenute dal suo movimento sui rapporti tra politica e cooperazione...).

Va notata la crescente influenza degli americani a livello internazionale. Ma a Washington parteciparono alla Conferenza anche cooperatori cinesi e palestinesi, a riprova del fatto che la presenza inglese sullo scacchiere mondiale era accompagnata dalla decadenza, più lenta ma altrettanto inderogabile, della loro egemonia sul movimento cooperativo internazionale. Essa anticipava, del resto, la decadenza dell'Inghilterra come potenza a vantaggio degli USA, che si verificò soprattutto dopo la crisi di Suez del 1956. Ma queste trasformazioni geo-politico-militari non vanno meccanicamente trasferite sul movimento cooperativo, che sempre conservò e conserva rilevanti spazi di autonomia nell'espressione organizzativa.

Una delle ragioni del ruolo nordamericano non risiede soltanto nella forza della presenza USA su scala mondiale che si delinea con la seconda guerra mondiale con un peso ancor oggi, nonostante e forse proprio a ragione del crollo dell'URSS, irreversibile. Questo è l'elemento di fondo, non c'è che dire, e con il quale occorre subito confrontarsi.

Alla radice dell'ascesa del movimento cooperativo americano, che tuttavia non avrà mai un ruolo egemonico simile a quello inglese, proprio per le ragioni intrinseche alla storia di tale movimento, alla radice di tale ascesa stavano gli stretti legami che esso instaurò con il suo governo nazionale, al di là delle affiliazioni politiche e ideologiche.

In Inghilterra, infatti, il profilo classista del movimento cooperativo era indubitabile, pur con tutto il gradualismo che lo caratterizzava. Questo indeboliva i rapporti coi governi, anche con gli stessi governi laburisti, che più difficilmente potevano instaurare con i cooperatori un rapporto "tecnico" neutrale: questa era invece la forza di quelli americani. Essi sfruttarono fortemente e sino in fondo questo fenomeno, forti, anche, del ruolo che il loro governo svolgeva a livello internazionale.

Questa situazione emerse con evidenza in occasione della Conferenza delle Nazioni Unite per l'Organizzazione Internazionale del 1945: le pressioni che gli inglesi effettuarono sui membri del loro governo per esserne ammessi furono insufficienti e non ebbero eco; soltanto quelle nordamericane ebbero successo e costituirono la strada attraverso la quale, con molte implicazioni diplomatiche e politiche, l'ACI giunse, con la World Federation of Trade Unions e l'American Federation of Labor, a ottenere lo status di membro consultivo di categoria A dell'Assemblea delle Nazioni Unite, superando le stesse resistenze sovietiche che volevano affidare questo ruolo soltanto alle associazioni internazionali sindacali.

Un grande aiuto per superare la resistenze esistenti lo svolse il carattere stesso che l'ACI aveva assunto nel corso della guerra: da essa, via via, erano stati espulsi gli italiani, i tedeschi, gli austriaci e i giapponesi, cosicché gli affiliati erano quelli di paesi che risultavano, con l'URSS, come i vincitori del conflitto (o gli alleati).

L'ACI, tuttavia, doveva riflettere, nella sua storia, il percorso della più generale vicenda planetaria, allorché l'unità antifascista internazionale si ruppe e iniziò la guerra fredda. La presenza dell'URSS divenne il vero problema dinanzi al quale occorreva elaborare una strategia di azione e di ripensamento ideologico. La prima ebbe successo, la seconda non diede tutti i frutti che sarebbero stati necessari e auspicabili.

Per quanto attiene al problema della ricostruzione del movimento essa ebbe dapprima una base europea, con i significativi risultati di poter ammettere nuovamente e rapidamente a far parte dell'ACI i movimenti cooperativi dell'Austria e dell'Italia, mentre quello tedesco era ancora in corso di ricostruzione e di "denazistificazione".

Il peso degli aderenti extraeuropei, d'altro canto, cresceva; l'Argentina – dove il movimento aveva avuto un grande slancio grazie agli immigrati cecoslovacchi – la Cina e l'Australia, facevano ora parte dell'ACI a pieno diritto.

Al congresso di Zurigo del 1946, il primo del dopoguerra, presero parte 367 delegati che venivano dall'Austria, dal Belgio, dalla Bulgaria, dal Canada, dalla Cecoslovacchia, dalla Danimarca, dalla Finlandia, dalla Francia, dalla Gran Bretagna, dall'Olanda, dall'Islanda, dalla Norvegia, dalla Palestina – dove nasceva lo Stato di Israele – dalla Polonia, dalla Svezia, dalla Svizzera, dagli USA, dall'URSS, e dalla Jugoslavia.

Il processo di ricostruzione del movimento era stato assai rapido, dunque, e ciò risulta ancor più dal fatto che dodici di queste diciannove nazioni erano state occupate da un esercito straniero durante il conflitto.

Nel corso del congresso i sovietici attaccarono duramente la direzione dell'ACI sfruttando il caso Tanner e iniziando così quel lavoro di propaganda che era stato fondamentalmente assente negli anni precedenti la Seconda guerra mondiale. Nonostante le divisioni che iniziavano a emergere, tuttavia, il primo congresso si svolse riflettendo, nella sostanza, gli equilibri che andavano delineandosi nella sfera mondiale, non solo nell'universo cooperativo. Il presidente e il vice presidente erano rispettivamente lo svedese Albin Johansson e il russo Nikolay Sidorov, mentre nell'esecutivo il nordamericano Murray Lincoln figurava come primo eletto.

Il congresso dedicò gran parte dei suoi lavori alla discussione sul rapporto tra il movimento e lo Stato – giungendo alla conclusione dell'inevitabilità della presenza di quest'ultimo nella sfera economica e sociale – e al ruolo che, rispetto a questa presenza, il cooperativismo internazionale poteva svolgere per limitarne i pericoli burocratici e per equilibrare, con la sua presenza, la composizione plurima e multiforme della struttura economica mondiale: la cooperazione doveva rappresentare nel breve e nel lungo termine un'alternativa sia alla statizzazione sia al liberalismo selvaggio.

Il congresso e anche alcune riunioni internazionali, che si svolsero dopo di esso, richiamarono l'attenzione sull'importanza del cosiddetto "controllo democratico" sulle materie prime e sul loro approvvigionamento. Tra di esse il petrolio era individuato come un bene di cruciale importanza, rispetto alla cui estrazione e alla cui commercializzazione il movimento cooperativo internazionale, con l'ausilio delle Nazioni Unite, doveva svolgere il ruolo essenziale di calmiere dei prezzi e di liberalizzazione dell'accesso alle fonti.

Il movimento cooperativo americano aveva, come è noto, realizzato importanti esperienze in questo campo su scala nazionale, in accordo con le cooperative agricole e dei consumatori ed esso svolse a quel tempo un importante ruolo di sensibilizzazione a questo riguardo, pur con risultati in definitiva ininfluenti sulle generali vicende di questa fondamentale fonte energetica.

Naturalmente, infatti, i risultati pratici a livello internazionale furono assai esigui, ma val la pena di segnalare questo aspetto della politica dell'ACI in quei tempi, a sottolineare il coacervo di speranze, di illusioni e di aneliti verso la costruzione di un mondo pacificato, sino all'utopia, che l'animavano. Ma il terreno dove la funzione dell'ACI doveva misurarsi era ora quello della guerra fredda. Il ruolo dell'URSS non solo era fondamentale, ma determinava anche quello che ora svolgevano i movimenti cooperativi un tempo liberamente aderenti all'A-CI e ora affiliati a essa nella condizione determinata dallo loro inclusione nel blocco sovietico, come chiaramente emerge dai lavori delle prime conferenze che si svolsero dopo il congresso di Zurigo.

Mentre le cooperative legate non solo al mondo, ma anche ai valori democratici, ritornavano ora rapidamente, dopo l'impegno politico profuso durante gli anni di guerra, alla neutralità politica, le cooperative dei paesi del COMINFORM e poi del COMECON, unitamente alle associazioni cooperative a maggioranza comunista dei paesi a democrazia parlamentare (italiane e francesi in primo luogo), appoggiavano le continue richieste sovietiche di far schierare l'ACI su posizioni "antimperialiste".

E questo a iniziare dalla guerra civile greca, che scatenò il primo grande conflitto ideologico in seno all'ACI.

Tali conflitti continuarono, di fatto, per i successivi vent'anni, con una perfetta regia che unificava l'ordine sparso delle armate del Centrosoyus con quelle scarse, ma attive, in Occidente, in Italia in primo luogo, per far sì che, ogni qual volta gli atti della politica estera sovietica giungevano alla ribalta dell'opinione pubblica internazionale, l'ACI di questa ribalta divenisse l'amplificazione e la cassa di risonanza.

Tutti i tentativi, statutari e regolamentari, furono messi in atto per tentare, da parte comunista, di conquistare il controllo dell'ACI, soprattutto agendo sull'ammissione di nuovi aderenti e sulle modalità che regolavano le pratiche di finanziamento. Tutti questi tentativi furono battuti, ma con un dispendio di energie, di risorse, di forze, che meglio avrebbero potuto essere impiegate per lo sviluppo e la diffusione del movimento cooperativo internazionale.

Questa è forse la principale responsabilità che ricade sui sovietici: l'aver fortemente indebolito, con la loro continua offensiva ideologica, poiché organizzativamente i due "mondi" della cooperazione agivano separati e distanti l'uno dall'altro, l'azione che l'ACI avrebbe, con ben più forte dinamismo, potuto svolgere nel mondo per lo sviluppo degli ideali cooperativi.

I sovietici avevano ogni interesse a rimanere nell'ACI, perché in essa trovavano una platea per le loro tesi e potevano, in ogni caso, stabilire contatti anche con il mondo capitalistico.

Ma la maggioranza dell'ACI non si pose mai, almeno questa è la conclusione alla quale sono giunto, nelle condizioni di provocare una scissione nell'organizzazione tale che rimarcasse la divisione del mondo in blocchi contrapposti.

È stupefacente, a questo proposito, l'atteggiamento nordamericano. Quanto esso fu attivo e deciso nel periodo precedente l'inizio della guerra fredda, tanto esso fu passivo e inerte allorché iniziarono la polemiche con i sovietici.

Tutto diverso fu l'atteggiamento degli americani nel movimento sindacale internazionale, dove svolsero un ruolo fondamentale nella lotta contro la Federazione sindacale mondiale (FSM) e per lo sviluppo della CISL internazionale.

I nordamericani parteciparono, a partire dagli anni Cinquanta, diversamente da quanto avevano fatto nell'immediato dopoguerra, stancamente alle riunioni internazionali e disattesero il ruolo che loro era stato affidato in prima istanza, eleggendoli negli organismi dirigenti dopo il conflitto. La guerra fredda nel movimento cooperativo rimase, in sostanza, soprattutto un problema europeo, quasi come se si fosse voluto restringere il fronte del conflitto e limitare l'area del contendere. Nondimeno, però, il movimento reale iniziava con forza a svilupparsi oltre i conflitti del vecchio e del nuovo mondo. Ma prima di affrontare dettagliatamente questo nuovo importante periodo della storia dell'ACI e di quella della cooperazione internazionale, cerchiamo di operare una sintesi dello sviluppo di entrambi nel difficile periodo che va, appunto, tra la Prima guerra mondiale e la fine della Seconda, quando un mondo nuovo, questa è la mia convinzione, ha inizio.

In questo periodo la cooperazione mondiale è soprattutto un fenomeno fondato sulla cooperazione di consumo (31 milioni erano queste cooperative nel 1927 e 56 milioni nel 1948) con una presenza nell'agricoltura che era, nella sostanza, diminuita (rispettivamente di 11 milioni e mezzo circa e nove milioni circa ventuno anni dopo). Tutti i principali dirigenti del movimento internazionale, come dimostra un esame dettagliato degli atti dei congressi dell'ACI, che io ho compiuto coscienziosamente, sorgono, in definitiva, dal seno della cooperazione di consumo, con tutte le implicazioni teoriche che ne conseguono e che ho già evidenziato nel corso della mia esposizione.

Il legame con il movimento sindacale internazionale, soprattutto con quello della Seconda internazionale era sempre stato fortissimo, con una forte sottolineatura operaia piuttosto che contadina.

La ragione di ciò non è tuttavia, soltanto ideologica, ma anche geopolitica.

Il peso che avrebbero, infatti, potuto avere le cooperative agricole dei paesi della cosiddetta "Internazionale verde", era stato assorbito e in sostanza distrutto dall'annessione nel COME-CON dei paesi in cui la tradizionale presenza dei partiti agrari era più forte in Europa: i Balcani.

Giova ricordare, infine, a questo proposito, che i principali dirigenti cooperativi avevano stretti legami con il movimento socialista internazionale, quando non ne divennero dei dirigenti di primissimo piano: Albert Thomas, Karl Renner, Väinö Tanner, nonostante il suo finale atto di tradimento filonazista, Victor Serwy, Ernest Poisson, Emil Lustig, Emmy Freundlich, nonché tutti i leader inglesi del movimento. Questi ultimi, come ho continuamente ricordato, svolsero un ruolo importantissimo per il sostanziale controllo che ebbero sull'ACI, controllo che continuò, anche se in forma assai meno incontrastata, anche nel dopoguerra, dopo la breve, effimera, influenza dei nordamericani.

Il fatto, infine, che l'ACI avesse la sua sede a Londra, la risparmiò dalle tribolazioni dell'occupazione nazista e la inserì, immediatamente, nel gioco diplomatico e politico internazionale del dopoguerra.

L'internazionalismo, che si rinnovò con l'antifascismo e la lotta internazionale contro di esso, risparmiò dal nazionalismo e dallo sciovinismo un movimento profondamente radicato nelle rispettive realtà nazionali. Anche in questa luce l'ACI rimase fedele, tra le mille bufere, ai principi ispiratori di Rochdale.

E seppe far ciò con un grande senso del realismo politico e della flessibilità organizzativa. Seppe, in definitiva, oggi possiamo dirlo, attendere tempi migliori.

Oltre l'Europa

Una delle conseguenze più importanti che si ebbero per effetto della Seconda guerra mondiale fu il legame crescente stabilito tra l'ACI e le organizzazioni internazionali.

Il loro sviluppo, del resto, è una delle costanti della crescita delle relazioni mondiali a partire dagli anni Cinquanta, nella ricerca di instaurare una poliarchia internazionale, moderando le passioni e le aggressività, per la pace e la tolleranza.

Oltre ai tradizionali legami con il BIT, che non a caso rafforza, a partire da questi anni, il suo ruolo proprio nei settori dell'attività cooperativa e sindacale, spiccano i collegamenti con la FAO e l'UNESCO, che diverranno cruciali per lo sviluppo del movimento nel cosiddetto Terzo mondo.

L'ACI ottenne, a partire dagli anni Cinquanta, un seggio permanente presso l'UNESCO, che si impegnò, unitamente alle organizzazioni cooperative nazionali affiliate, soprattutto in programmi di formazione e di addestramento: tale attività diverrà dominante e contrassegnerà tutta l'iniziativa extraeuropea. L'UNESCO avrà un ruolo fondamentale a partire da quello che per me rimane un evento importantissimo a questo riguardo: il seminario svolto si in Giamaica nel 1955 sui problemi economici e sociali, per promuovere viaggi, conferenze, incontri che permisero ai gruppi dirigenti dell'ACI di svolgere un ruolo di collegamento e di impulso altrimenti impensabile.

Fondamentale a questo proposito, fu l'opera svolta sia dall'Alleanza sia dall'UNESCO per "l'educazione civile delle comunità rurali".

Henry May aveva pionieristicamente intuito, prima della sua prematura morte nel 1939, che il settore dell'assistenza tecnico-economica nei paesi sottosviluppati sarebbe divenuto uno dei campi di elezione per l'attività dell'ACI. Ebbene, ora che le Nazioni Unite erano tanto pressate su questi temi dai paesi che avevano via via raggiunto la loro indipendenza, affinché attuassero tali finalità, un programma di azione autonoma da condurre in prima persona si apriva per la cooperazione. Decisivo fu, a questo proposito, il lungo viaggio che, nel 1955 e nel 1956, George Keller, su richiesta del movimento cooperativo giapponese, compì nei paesi dell'Asia del Sud, in Pakistan e in Giappone per stabilire contatti con le già esistenti centrali cooperative, per contattare gli uffici governativi, per svolgere un'opera di propaganda.

Tra il 1951 e il 1954, del resto, ossia tra i due congressi internazionali di Copenaghen e di Parigi, molte nuove adesioni erano pervenute dal mondo extraeuropeo: innanzitutto le cooperative di consumo e agricole giapponesi, ora ritornate in seno alla loro antica organizzazione; la Federazione della Costa d'Oro e quella della Nigeria; quella brasiliana; le cooperative di consumo neozelandesi, che permettevano di riallacciare in tal modo i rapporti con una nazione che aveva visto nel secondo dopoguerra una gravissima crisi economica del movimento cooperativo. In Europa, nel mentre, le federazioni delle cooperative di abitazioni francesi e svedesi chiedevano di far parte dell'ACI. E tra il congresso di Parigi e quello di Stoccolma del 1957, aderivano la Federazione di Ceylon, quella della Malesia e delle Isole Mauritius, del Messico, della Guyana britannica e del Sudan.

E tra il congresso di Stoccolma e quello di Losanna del 1960, su 14 nuove adesioni, ben 7 provenivano da paesi che ancora non erano rappresentati nell'ACI: Birmania e Indonesia; Cipro, Giordania e Iran; Cile; Nigeria occidentale. Dal 1960, per la prima volta nella storia dell'Alleanza, i paesi extraeuropei rappresentati nel suo seno superavano quelli europei, nonostante che le cooperative associate fossero ancora in maggioranza del vecchio continente.

Era iniziato, in ogni caso, un processo inarrestabile: un'altra nuova era della cooperazione, che consisteva, nella sostanza, nella fine dell'eurocentrismo. E pure i passi indietro erano sempre in agguato.

Non sempre il processo di decolonizzazione fu positivo per la cooperazione. Occorre avere il coraggio di dirlo e di affermarlo senza timore. Le nuove élite, soprattutto africane (ma ugual discorso si dovrebbe fare per quelle sud-est asiatiche), erano per lo più di ispirazione dittatoriale, militare, marxista, leninista e protese alla costruzione di un dominio personalistico-tribal-familistico dinanzi al quale molti dei domini colonialistici venivano ricordati con rimpianto, soprattutto quelli di stampo britannico.

Questi ultimi avevano spesso sorretto, quando non "esportato", la cooperazione, che sotto quei regimi aveva mosso i primi passi, sì in un contesto di dipendenza e di controllo, ma sicuramente di maggior libertà rispetto a quanto, troppo spesso, sarebbe avvenuto dopo. Il caso più eclatante a questo proposito, forse perché fu il primo (ma esso non bastò a far aprire gli occhi né ai cooperatori né ai democratici di tutto il mondo) fu il caso del Ghana. Sotto il dominio di Kwame Nkrumah, negli anni Cinquanta, la cooperazione fu sottoposta al dominio occhiuto dello Stato-partito (nella versione africana) e dinanzi alla ribellione dei cooperatori si ricorse alla repressione, giungendo persino a costringere gli arresti domiciliari e poi all'espulsione il rappresentante dell'ACI. Ciò nonostante il movimento cooperativo progrediva, con sicurezza e con impressionante regolarità. A tutte queste nuove adesioni l'ACI offriva non solo un legame ideale e politico importante per i risvolti istituzionali che esso aveva e poteva avere, ma anche un contesto di assistenza tecnica altamente prezioso che si esplicitava attraverso i cosiddetti comitati ausiliari e le cosiddette conferenze tecniche: istituzioni o simposi che avevano al centro un ruolo istituzionale di diffusione delle competenze.

Tali organismi si dedicavano, inoltre, al commercio internazionale intercooperativo e ai legami bancari sovranazionali tra le centrali. Affrontavano volta a volta specifici problemi che assumevano grande importanza per le centrali e le federazioni di nuova adesione.

Nel 1958 questo lavorio internazionale culminò nella conferenza di Kuala Lampur che segnò un evento importantissimo per tutto il sud-est asiatico.

Era la prima volta che una manifestazione cooperativa internazionale si svolgeva nella Malesia indipendente e a essa assistevano i delegati dell'Australia, del Pakistan, dell'India e del Giappone, unitamente a rappresentanti del BIT, della FAO e della CISL internazionale. Ma la questione importante fu il fatto che a tale evento assistettero rappresentanti di organizzazioni cooperative "regionali" ancora non affiliate all'ACI, ma che presto dovevano divenirne membri: Birmania, Indonesia, Singapore, Thailandia.

Era la prima volta che cooperatori di quell'area del mondo avevano modo di incontrarsi, di riconoscersi, di discutere dei loro problemi e di approfondire i propositi, che a lungo separatamente avevano accarezzato, di sviluppo dei loro rispettivi movimenti. Ciò che questi cooperatori chiedevano all'ACI non era la discussione dei principi: essi li accettavano, a loro modo adattandoli alle culture specifiche delle loro terre, integrandoli con un'azione economica che, a differenza di quella di matrice occidentale, era di già tutta intrisa di valori sociali e culturali non riduzionisticamente economicistici. Ciò che essi chiedevano era soprattutto assistenza: assistenza economico-gestionale e assistenza tecnologica.

Nel 1960 un ufficio regionale poteva finalmente essere inaugurato a Nuova Delhi per assicurare tale sostegno, con un'ampiezza e un vigore che presto diede frutti.

Essenziale fu, a questo proposito, il congresso di Stoccolma del 1957, dove tutta la capacità, la cultura e la ricchezza dell'esperienza internazionale scandinava poté essere messa a frutto con una intensità e una felicità di intenti che mai prima si era potuta concretizzare.

Naturalmente molte delle esperienze cooperative extraeuropee dei paesi ex coloniali si inserivano nel contesto dei programmi di aiuto dell'UNESCO e delle Nazioni Unite, ma, non di meno, si sviluppavano molto spesso secondo i confini tracciati dall'esperienza coloniale, per impulso originario di quello che era stato alle origini un movimento cooperativo metropolitano che non aveva mai dismesso la volontà di esportare nelle colonie le esperienze cooperative, frutto della sua storia.

Come ho già detto, la seduta del congresso di Stoccolma dedicata alla diffusione e al sostegno del movimento fu importantissima e decisiva, perché inaugurò una serie di dichiarazioni, mozioni, azioni concrete, che si esplicitarono in quello che divenne di fatto un vero e proprio programma di largo respiro e di lunga lena della cooperazione europea occidentale, ché i sovietici furono sostanzialmente assenti da questo processo, limitandosi a sorvegliarne la crescita e agendo laddove l'URSS allargava la sua influenza secondo gli oscillanti andamenti del confronto internazionale che si svolgeva nei vari scacchieri in cui le due grandi potenze si confrontavano.

Ai congressi dell'ACI, d'ora in avanti, saranno i delegati e i dirigenti dei paesi in via di sviluppo e delle rispettive aree geopolitiche a sollevare i problemi di quei movimenti, liberandosi rapidamente, almeno sul piano intellettuale, dalla condizione di "assistiti" e di "protegé".

Nel 1960, poche settimane dopo il congresso di Losanna, vi fu a Nuova Delhi l'inaugurazione del Centro educativo per la cooperazione del sud-est asiatico. L'impulso che a esso diede il Partito del Congresso, con la diretta azione del Pandit Jawaharlal Nehru e della sua figlia Indira, fu molto grande. Del resto la politica di influenza regionale passava anche attraverso lo strumento della cooperazione. La tendenza a costituire delle istanze regionali di coordinamento era molto forte: l'ACI le incoraggiava giustamente, per razionalizzare e armonizzare gli interventi e gli aiuti che si davano alla crescita autoctona.

Nel 1961, su iniziativa della Confederazione cooperativa del Tanganica, e adottando statuto e principi che erano simili a quelli dell'ACI, si creava l'Alleanza cooperativa africana, che doveva rapidamente svilupparsi in sintonia con le vicende complesse e non facili dell'Unione africana.

Nel febbraio del 1962, del resto, anche in America latina, per impulso della cooperazione nordamericana e, di riflesso, di quella caraibica, nasceva l'Organizzazione della cooperazione latinoamericana (OELA), che erigeva la sua sede a Porto Rico e aspirava a svolgere, all'interno della sua appartenenza all'ACI a cui tutte le cooperative dell'OELA rimanevano affiliate in primo grado, un ruolo di coordinamento.

Si trattava, insomma, di una trasformazione che investiva l'ACI nel profondo e la costringeva a porre in discussione anche il suo stesso assetto organizzativo.

Agli inizi degli anni Sessanta crebbero le pressioni di coloro che volevano suddividere i settori di attività del segretariato internazionale secondo le divisioni dedicate rispettivamente ai paesi "capitalistici", "socialisti", "in via di sviluppo", a dimostrazione di quanto imponente stava divenendo il nuovo campo di azione dell'Alleanza.

La proposta fu respinta dopo molte discussioni (perché, nella sostanza, cristallizzava, più che dinamizzare i rapporti e le relazioni). Ma rimane il fatto che essa fu avanzata, a riprova della trasformazione in corso e della sua rilevanza.

Il congresso di Losanna del 1960, inoltre, aveva espresso una raccomandazione che sottolineava la necessità di un rinnovamento della direzione internazionale del movimento a fronte dei grandi mutamenti tecnologici, economici e sociali in corso: le nuove tecnologie, come i sistemi di sicurezza sociale, e infine, l'affacciarsi sulla scena mondiale di nuovi paesi indipendenti, dovevano costringere il mondo cooperativo a rinnovare le sue strutture.

Sottolineo l'importanza della dichiarazione di Losanna. Non perché essa innovi la teoria della cooperazione. Tutt'altro. A differenza di quanto era sempre accaduto in passato, allorché i congressi internazionali erano un'occasione per confrontarsi sui principi costitutivi, era ora il mondo, con le sue trasformazioni, a entrare di prepotenza nell'universo cooperativo, costringendo i cooperatori a sollevarsi dall'attività diuturna per ritrovare dei barlumi di riflessione culturalmente impegnata. Al mondo si guardava allora, e non all'interno del movimento, per dividersi o per contarsi nelle votazioni.

L'ACI cambiava: non tanto nei suoi programmi, quanto, invece, nel suo rapporto con l'esterno, con l'ambiente che la circondava e in cui ogni giorno le sue imprese affiliate agivano.

Sempre a Losanna un altro tema, destinato ad avere grandissima fortuna e a interpretare una delle grandi trasformazioni in corso, si era per la prima volta affacciato: quello del contributo che la cooperazione poteva dare alla donna e alla sua liberazione da antiche costrizioni e ingiustizie. Da ora innanzi tale tema sarà ripreso in tutti i congressi internazionali e costituirà un terreno di azione fecondo dell'ACI, spesso in rapporto con l'UNESCO e le Nazioni Unite.

Un altro tema che inizierà con sempre più forza ad affermarsi fu quello inizialmente proposto nel 1957 dalla federazione delle cooperative di consumo francesi al congresso di Stoccolma. Mi riferisco al tema della tutela dei consumatori. Un problema destinato, con il tempo, a divenire una questione internazionale e cruciale dello sviluppo e della crescita economica: va ai cooperatori francesi il merito di averlo per primi sollevato e ripreso a tutti i congressi successivi, soprattutto in quello di Losanna, che rappresentò, anche su questo punto, una tappa importante della rinnovata attenzione dell'ACI per i temi dello sviluppo e del cambiamento mondiale.

Del resto, dinanzi a tali cambiamenti, la stessa tradizionale tensione ideologica interna doveva diminuire di grado, anche se non scomparire. Un esempio di quanto voglio dire fu la straordinaria dichiarazione che si approvò all'unanimità (e in ciò risiede la sua straordinarietà) al congresso di Bournemouth del 1963. Essa fu il frutto di un lavoro di mediazione tra la delegazione sovietica, da un lato, e tutte le altre non appartenenti al COMECON dall'altro, con un ruolo di mediazione essenziale svolto dall'italiana (social-repubblican-comunista) Lega delle cooperative.

Si trattava di redigere una dichiarazione sull'importanza della Comunità economica europea come area di libero scambio e di possibilità di azione rinnovata della cooperazione. Ebbene, con la sottolineatura della necessità di impedire pratiche monopolistiche e con la raccomandazione diretta a favorire il superamento di un protezionismo agricolo dannoso per i paesi in via di sviluppo, la dichiarazione fu approvata.

Si trattava del primo documento unitario di grande rilevanza politica internazionale votato all'unanimità dopo l'inizio della guerra fredda.

La pressione del cambiamento extraeuropeo e della migliorata fase dei rapporti internazionali (dopo la crisi dei missili di

Cuba del 1962 si lavorava per una distensione tra i blocchi) dava i suoi frutti.

Ancora i principi: la maturità cooperativa

La discussione iniziò nel 1963, su proposta della delegazione sovietica, che ottenne, dopo un acceso dibattito, che fosse creata una commissione incaricata di porre in risalto le trasformazioni intervenute dopo più di un secolo di attività cooperativa, così da riscriverne i principi costitutivi.

Ma, appena la questione fu portata nella sede dell'esecutivo, sorse il problema di riscrivere tali principi senza che essi risultassero debitori, come invece credevano di fare i sovietici, di quell'influenza capitalistica che da sempre il marxismo-leninismo ossificato dello Stato burocratico-dittatoriale imputava ai "pionieri di Rochdale" e ai loro seguaci.

È interessante sottolineare il fatto, a rimarcare quanto universale fosse ormai divenuta la cooperazione, che a far parte della commissione nominata dall'ACI per redigere i nuovi principi cooperativi, dopo un'ampia consultazione di tutti gli affiliati, fossero chiamati un indiano, un nordamericano, un sovietico, un tedesco federale, oltre, naturalmente, a un inglese.

La commissione raggiunse una conclusione assai diversa da quella preconizzata dai sovietici all'inizio della discussione.

Al congresso di Copenaghen dell'aprile 1966 si presentò un deliberato che costituiva di fatto una sorta di riattualizzazione dei principi dei "probi pionieri": l'adesione alla cooperativa doveva essere solo e sempre volontaria, senza discriminazioni di sorta; le cooperative dovevano essere società democratiche che eleggevano i loro amministratori secondo il principio "una testa un voto"; gli interessi da pagare eventualmente sul capitale sociale dovevano essere strettamente limitati ed egualitari; il surplus d'impresa apparteneva ai soci e doveva essere ripartito in forme egualitarie e non corrispondenti ai capitali impiegati dai soci,

73

oppure secondo una ripartizione che garantisse la continuità cooperativa e potesse essere destinata a servizi collettivi; tutte le cooperative dovevano destinare parte del surplus alla propaganda e alla formazione; il principio della cooperazione e dell'integrazione tra cooperative doveva essere costantemente perseguito. Non si trattava, in effetti, che di una riaffermazione degli originari e "gloriosi" principi.

Nel 1965 il 70° anniversario della fondazione dell'ACI coincideva con il 20° anniversario della fondazione delle Nazioni Unite, che dichiaravano tale anno quello "della cooperazione internazionale", dando grande risalto al ruolo di pace e di collaborazione tra i popoli che l'ACI poteva svolgere e svolgeva. È in questo contesto che l'Alleanza inizia a svolgere, soprattutto dopo il congresso di Vienna del 1966 (quando la nuova carta dei principi cooperativi fu approvata con una schiacciante maggioranza) un ruolo importante anche a livello internazionale, un ruolo che è ancor tutto da studiare e da analizzare. Mi riferisco alla funzione svolta durante la Guerra del Vietnam, sulla quale a Vienna si approvò, dopo aver respinto taluni emendamenti che provenivano da delegazioni del COMECON, una risoluzione che invitava alla pace e al negoziato, superando ostilità e contrapposizioni che potevano avere, come ebbero, il tragico effetto di prolungare una terribile guerra.

La politica dell'ACI in questi anni è chiara e coerente: come protesta contro la Dittatura dei colonnelli in Grecia, che mortifica e burocratizza il movimento cooperativo, così stigmatizza e condanna l'invasione della Cecoslovacchia da parte dei sovietici, forte di una maggioranza che si fa sempre più consistente quando sono in gioco i principi e i diritti umani.

La cooperazione, attraverso l'ACI, raggiunge in tal modo una piena maturità: la neutralità politica diventa rifiuto dell'indifferenza e sostegno a un movimento che va via via estendendosi in tutto il mondo, anche grazie ai continui sforzi che sul piano della cooperazione tecnica si compiono rispetto ai paesi in via di sviluppo. Se si considera, a fianco di ciò, che tra la fine degli anni Sessanta e l'inizio di quelli Settanta, l'ACI fa suoi in forma chiara ed esplicita i principi di difesa dei consumatori, dei quali diviene baluardo per la difesa della qualità della vita come si fece al congresso di Amburgo del 1969, ben si comprende quanto si vuol dire quando si parla di maturità del movimento cooperativo internazionale.

Questo è il punto essenziale. L'ACI anticipava, con il porre in discussione il principio di responsabilità che gli attori economici cooperativi o no – avevano rispetto ai consumatori al di là del puro contesto nazionale, uno dei grandi problemi del nostro tempo: quello del rapporto tra le imprese e gli Stati nazionali.

Gli Stati, del resto, sono stati sempre più via via sottoposti, dal tempo in cui l'ACI sollevò quel problema, a una rilevante erosione dei loro fondamenti legittimi. Essi erano un tempo: la difesa dei territori; l'affermazione su scala nazionale dei cosiddetti principi di cittadinanza, che di norma si riconoscevano a coloro che erano nati all'interno dei confini presidiati, appunto, dagli Stati medesimi; la conduzione di politiche economiche che erano di esclusiva competenza delle loro strutture politiche e delle loro banche centrali.

Da molti anni, soprattutto a partire dalla seconda metà degli anni Settanta, quando l'integrazione economica internazionale muove passi da gigante, con una forza sino ad allora inusitata, gran parte di questi fondamenti legittimi son messi in discussione: la difesa territoriale è sempre più compresa all'interno di potenti organizzazioni sovranazionali e, salvo che in conflitti come quelli cui stiamo dolorosamente assistendo nel Nord Africa e in Medio Oriente, è oggetto di autorità fortemente accentrate al di fuori dei confini dei singoli paesi.

Così è anche per le politiche economiche: esse sono sempre più questione di istanze sovranazionali, di aree di integrazione commerciale che sovrastano e rendono impossibile concepire una politica economica "nazionale"; anche le banche centrali non sono più sovrane, non solo perché son sempre più investite dai mercati finanziari che non controllano più come un tempo, ma perché esse stesse si muovono in forma concentrata e coordinata, rifiutando un ormai impossibile isolazionismo. Questi problemi non possono essere integralmente affrontati dagli Stati *da soli*. Per risolverli è necessaria una mobilitazione della società civile organizzata nelle sue associazioni intermedie, e tra queste vi sono senza dubbio le imprese cooperative.

Siamo giunti alla realizzazione dell'egemonia del mercato su tutto il globo terracqueo: non c'è più società che non sia stata subordinata all'economia monetaria e questo è forse il più straordinario cambiamento che va oltre lo stesso lascito dei secoli che hanno prima preparato e poi visto la dispiegata realizzazione dei principi del capitalismo. Esso sempre più ci appare come la linea di divisione, la censura storica fondamentale tra antico e moderno regime. L'un con l'altro essi si sovrappongono e convivono, ma ciò che conta è che da allora immense forze si sono messe in moto e hanno iniziato a confrontarsi in modo esplicito e diretto.

Ma la modernizzazione che si era e si è inverata a partire dal capitalismo è tuttavia una modernizzazione bastarda, ossia della crescita quantitativa e non dello sviluppo qualitativo, non dell'essere sociale e della capacità della riproduzione consapevole e autodiretta della società.

La sfida della modernità è questa. Ed è con questa sfida che il movimento cooperativo internazionale si confronta. Esso può far ciò perché al centro del suo impegno, come abbiamo visto, attraverso la riattualizzazione dei principi cooperativi, vi è la capacità di rinvigorire il concetto e la realtà della persona oggi attorniata dal disincanto e dalla fine della reciprocità nel mondo.

La cooperazione continuamente auspica e ricerca la riproposizione di comunità operose e fervide di azione economica, politica, culturale. Isole di riscoperta della riproduzione consapevole della società e insieme della persona: questo e non altro è, in fondo, la cooperazione come impresa e come movimento sociale.

Se si guarda alle risoluzioni prese dal movimento al congresso di Amburgo del 1984, quando quei processi intravisti a cavallo tra gli anni Sessanta e Settanta si erano ormai affermati così da accompagnare definitivamente la nostra storia, non si può non essere colpiti dalla continuità dell'esperienza cooperativa. Chi vorrà sfogliare i ponderosi atti dei congressi, non potrà che rimanere colpito dall'assoluta mancanza di grandi cambiamenti e trasformazioni, nella vita e nella struttura dell'ACI, rispetto alle decisioni assunte negli anni essenziali della crescita e della maturità cooperativa internazionale: quelli Sessanta e Settanta.

Esse hanno consentito all'ACI di rispondere in forma positiva ai grandi cambiamenti epocali che si sono succeduti e con i quali il secolo si chiude: il crollo delle dittature staliniane in Europa e le conseguenze politiche ed economiche che ciò provocherà negli equilibri mondiali; la creazione di aree integrate a livello mondiale (non solo più la CEE ma il NAFTA, il Mercosur, il Patto andino, l'ASEAN); la questione non più derogabile dello "sviluppo sostenibile".

Questi ultimi cambiamenti, fortemente interrelati con la trasformazione dei caratteri della competizione economica, spingono i governi, e troppo spesso anche i cooperatori, a rispondere alle difficoltà immediate che insorgono – sul piano sia economico sia sociale – con un travisamento, il più delle volte implicito e irriflesso, dei principi cooperativi. La pressione a livello europeo, a questo proposito, è stata ed è ancora (sotto la spinta delle reazioni liberiste) fortissima: i principi del voto "per testa", dell'inalienabilità e dell'indivisibilità del capitale sociale, sono stati messi in forse, spesso con l'emanazione di misure legislative non osteggiate o, addirittura, appoggiate dal movimento cooperativo, alla ricerca di poter in tal modo acquisire risorse che si ritengono indispensabili alla crescita e alla lotta in una competizione sempre più dura.

Ma si tratta, questa è la mia convinzione, non soltanto di errori profondi – sia sul piano dei principi, sia su quello della stessa gestione economica – ma, soprattutto, soltanto di increspature sulla superficie del mare: la maggioranza delle cooperative non fa sue, infatti, queste proposte e continua ad agire secondo la fedeltà, rinnovata ma sostanziale, ai "principi". Soprattutto nei paesi un tempo definiti "in via di sviluppo" e oggi "nuovi paesi industriali", primi fra tutti quelli dell'America latina e dell'Asia, si continua a concepire l'operare nell'impresa cooperativa sia come un'attività economica, sia come un'attività sociale e solidale, alba di una nuova e possibile umanità liberata. In definitiva, ancora una volta la strada indicata dall'ACI, negli anni cruciali del secondo dopoguerra, si rivela felicemente preveggente: è da questi paesi, infatti, che va dipanandosi la via di una nuova crescita economica: è da questi paesi che verrà il nuovo sviluppo cooperativo.

Ed è questo il lascito profondo dell'attività dell'ACI.

Capitolo Secondo
La cooperazione come fenomeno imprenditoriale

La cooperazione: impresa e movimento sociale

Le tesi che voglio sostenere in questo capitolo[2] hanno di mira due obiettivi fondamentali.

Il primo è di natura politico-culturale, non privo, credo, di qualche rilevanza per l'oggi e soprattutto per il domani dell'impresa e del movimento cooperativo.

Mi riferisco, infatti, alla necessità di far sì che divenga prevalente una concezione che intenda e pratichi la cooperazione sia come impresa sia come movimento sociale.

Per circa trent'anni si sono compiuti molti sforzi per far penetrare le pratiche e le tecniche della gestione aziendale nel movimento cooperativo. Con i risultati positivi – la più consapevole

---

[2] Questo capitolo riprende e sviluppa i temi affrontati nella mia conferenza al Seminario di studi cooperativi della facoltà di Economia dell'Università centrale di Barcellona del 15 maggio 1984 Ce poi ampliati nel saggio *La cooperazione: dalla crisi economica alla teoria dell'impresa (una nota anti-neoclassica)*, "Economia e politica industriale", 1984, n. 44), oltreché la relazione tenuta al Seminario della Federazione delle cooperative trentine del 25 novembre 1995 in occasione del loro primo centenario: *La cooperazione: imprese e movimento sociale*.

Il primo paragrafo ripropone, con lievi miglioramenti, la relazione tenuta al seminario della Federazione delle cooperative trentine dell'ottobre 1990, *Note sulle cause economiche e organizzative della struttura cooperativa federale*, mimeo, Trento 1991.

amministrazione – sono giunte, però, anche le conseguenze negative: la dispersione possibile, in taluni casi attuatasi, di un grande patrimonio di risorse ideali e culturali, in una parola: solidaristiche.

La più grave conseguenza degli assunti utilitaristici e della barbarie consulenziale che si sono messi alla testa del moto di rinnovamento gestionale è stata la dimenticanza dell'alterità distintiva dell'impresa cooperativa.

Alterità rispetto all'impresa capitalistica: la cooperativa è società di persone, non di capitali; la cooperativa risponde ai fallimenti sia del mercato sia dell'impresa capitalistica, perseguendo in forma associata il raggiungimento di beni (lavoro, consumi, crediti, assistenza) che non sarebbero raggiungibili in forma individualistica.

Alterità rispetto all'impresa pubblica: la cooperativa è espressione della proprietà collettiva di gruppi più o meno vasti e non il frutto di una decisione della sovranità politica, come, nel caso, appunto, delle diversificate forme dell'impresa pubblica.

Fine della cooperazione non è il profitto e l'appropriazione del sovrappiù, ma il perseguimento del profitto come strumento regolatore di una gestione che ha di mira continuità del perseguimento associato dei beni del lavoro, del consumo, del credito e dell'assistenza, come prima ricordato.

Fine della cooperazione è la conservazione e l'ampliamento del legame sociale che ha dato vita all'impresa. Un legame sociale, una solidarietà specifica che sovradetermina ogni performance della cooperazione. Un legame non sindacale, perché mira a creare un'organizzazione che agisce stabilmente sui mercati. Un legame non semplicemente "benevolo" e non semplicemente *non profit* quanto a struttura della sua regolazione economica e sociale: la cooperativa è una forma specifica di impresa, socialmente diretta e dalle finalità sociali e non può accomunarsi alle cosiddette attività di quelle organizzazioni che i neoclassici ravveduti o gli economisti benevolenti, chiamano "terzo settore" o economia sociale.

L'elemento del dono, della gratuità dello scambio è innestato, nell'impresa cooperativa, in un meccanismo di gestione delicatissimo e prezioso: la partecipazione alle decisioni attraverso sistemi democratici di designazione dei dirigenti (cosa che non può avvenire nell'impresa capitalistica) e di controllo meritocratico e tecnocratico della loro gestione da parte dei proprietari collettivi di gruppo: i soci. Questi meccanismi di gestione richiedono il confronto con il mercato e nel mercato per cambiarne la fisionomia, non per sottrarsi da esso lasciandolo in tal modo agire e fallire indisturbato, relegando così la cooperazione in un ruolo marginale. Per questi motivi la cooperazione è sia impresa sia movimento sociale. La solidarietà, l'ispirazione ideale, la continuità solidale sono elementi non secondari, ma connaturati alla forma specifica della sua gestione. La cooperazione impresa e movimento sociale è la prova che l'economia è frutto della storicità personalistica ed è un complesso di relazioni tra le persone piuttosto che tra le merci, reificanti e alienanti. E codesto complesso è polifonico e non monofonico: diversi strumenti possono concorrere a configurare i mercati e le regole che li determinano, così come le loro continue e insopprimibili defezioni dallo stolido modello neoclassico dimostrano.

La cooperazione è quindi speranza solidale, ricostruzione di una comunità operosa.

Il secondo assunto che mi guida è qui soltanto enunciabile: non esiste, proprio per quanto ho detto, né una teoria economica, né una teoria sociologica, né una antropologia della cooperazione, ma solo una teoria interdisciplinare ed eclettica.

È quanto vorrei, in definitiva, dimostrare qui di seguito.

Nuove sfide, nuovi compiti

L'esperienza della cooperazione può essere caratterizzata dalla fase di transizione in cui essa si trova rispetto alla riclassificazione o riformulazione del patrimonio delle sue risorse.

La "rapida crescita nello sviluppo" ha avuto come effetto l'ampliamento delle dimensioni di scala e delle quote di presenza sul mercato, ma tutto ciò è avvenuto in un lasso di tempo così concentrato da non permettere una formazione equilibrata di tutte le funzioni direttive e un rapporto efficace e democratico tra queste e l'insieme dei soci e, infine, tra la struttura d'impresa e la struttura di rappresentanza sindacale del movimento cooperativo, quale che sia l'affiliazione partitica che ne contraddistingue i diversi settori.

Un primo effetto di ciò è stata la cristallizzazione dell'orientamento alla rapida crescita quantitativa a discapito del controllo qualitativo delle opportunità e delle opzioni di sviluppo. Si pensa che ciò sia stato determinante soprattutto per le imprese manifatturiere, ma invece, conseguenze simili sono riscontrabili anche, per esempio, in istituti di credito cooperativo e in aziende di servizi.

Un secondo effetto è stato quello di concepire la partecipazione democratica alla gestione più come una predominanza politica (anche per effetto dell'eccessiva politicizzazione e partitizzazione che angustia l'operare d'impresa cooperativo) che come una necessità aziendale di maggior efficacia del sistema informativo e decisionale: efficacia e democrazia che la cooperazione può raggiungere perché non sussistono in essa i conflitti sociali di natura proprietaria presenti nell'impresa capitalistica.

I conflitti sociali hanno natura organizzativa, funzionale e meritocratica e possono perciò essere risolti ampliando e non restringendo la partecipazione. Il terzo effetto è stato quello di far prevalere un ruolo del sistema di rappresentanza sproporzionato alla nuova fase che si è aperta dopo il periodo di rapida crescita e di legittimazione politica del movimento.

Il superamento delle barriere all'entrata sul mercato economico e su quello politico si è realizzato e ora il ruolo di supplenza partitica, essenziale in una fase di debolezza, si svuota della sua interna funzionalità e deve essere riclassificato sulla base di una strategia che punti a fornire prioritariamente servizi alle imprese, oltre che a garantire l'accesso alle risorse politiche, pur sempre necessarie (necessarie, sia detto per inciso, all'impresa cooperativa come a quella capitalistica).

La cooperazione è in una fase di transizione perché sta vivendo il passaggio dalla situazione che qui abbiamo descritto a una nuova, in cui è necessario che si superino gli "effetti" ormai perversi (e un tempo congeniali) e s'intraprenda una nuova via, quella dello sviluppo continuo e equilibrato.

Questa situazione, comune a tutta l'Europa, connota in maniera diversa i vari paesi e la cooperazione non può e non potrà non risentirne. Cerco di sintetizzare in che modo ciò già succede e tanto più succederà nell'immediato futuro.

La trasformazione più evidente che è possibile ipotizzare è una ridefinizione, che s'imporrà sempre più come necessaria, delle classificazioni tradizionali delle imprese cooperative. Ciò non potrà non avere delle conseguenze giuridiche, a meno che si voglia perseverare nella situazione attuale. Vediamo, dunque, che cosa già si sta verificando in pratica.

A fianco, o meglio, al di sotto della suddivisione tradizionale (produzione, consumo, servizi, credito) se ne sta affermando un'altra nell'economia reale. Quella che provvisoriamente può essere definita: tra *cooperative tradizionali, cooperative ereditarie, cooperative emergenti.*

Le *cooperative tradizionali* sono quelle che siamo stati abituati a veder crescere e operare sotto i nostri occhi in questo secondo dopoguerra, quale che sia il settore in cui esse agiscono e quale che sia l'intensità con la quale i problemi, di cui prima abbiamo parlato, in esse si manifestino. Le conseguenze della ristrutturazione in corso impongono a queste imprese un maggior approfondimento della componente strategica dei loro stili direttivi, un più elevato livello di controllo dei costi e della qualità e, soprattutto, una coerente politica di integrazione produttiva e distributiva, valorizzando al massimo la pianificazione dell'uso delle risorse, possibile attraverso il sistema delle imprese cooperative (consortile e non). In questo senso la cooperazione ha scarsamente utilizzato una componente essenziale e tipica della sua storia: la "compresenza di modelli diversi", ossia, nella sostanza, una equilibrata presenza di cooperative di produzione, di consumo, di servizi di credito. Pianificare la sinergia di queste forze diverse può divenire uno strumento formidabile sul fronte della concorrenzialità, non solo per ridurre i costi delle transizioni economiche, ma soprattutto per realizzare processi integrati per la vendita di sistemi produttivi e distributivi nelle aree europee e non europee.

Le *cooperative ereditarie*, una fenomenologia d'impresa su cui ho lavorato approfonditamente, sono il prodotto della crisi e del conseguente passaggio da impresa capitalistica a impresa cooperativa. Il patrimonio della precedente forma sociale si trasmette alla cooperativa che eredita, più che le virtù, i vizi dell'impresa capitalistica e con essi i suoi problemi interni e di collocazione sul mercato. Le strettoie della situazione attuale impongono tuttavia alle imprese cooperative di accelerare e di perseguire – pena la mortalità diffusa – una via di razionalizzazione "impietosa" delle risorse. Così facendo queste cooperative sono l'incarnazione della sfida che la cooperazione rivolge al mondo dell'impresa: rendere praticabile una "strategia democratico-partecipativa di conseguimento dell'efficienza e dell'efficacia". L'orientamento al mercato diventa la cultura da innestare saldamente in queste ereditarie unità economiche, e ciò non può non essere fatto anche con una conflittualità organizzativa elevata, che spesso coinvolge direttamente gli stessi fautori della scelta cooperativa.

Le *cooperative emergenti* sono la scommessa "del futuro" in una società fondata sulla centralità che andrà via via assumendo la forza-lavoro complessa, l'alta intensità del valore (non della quantità!) del capitale fisso, la flessibilità organizzativa. Anche socialmente esse avranno dei nuovi protagonisti: i tecnici, e i quadri e la gioventù altamente qualificata, che si orienta a un lavoro fortemente responsabilizzato e creativo. Il terziario avanza-

to può essere cooperativo? Questa è l'altra sfida insita in questa
strutturale mutazione genetica del mondo cooperativo.

Quello che qui voglio sottolineare è che questa nuova fase
dell'impresa cooperativa pare potersi affermare soltanto nella
contemporanea fine dell'isolamento dell'unità economica democraticamente gestita dalle altre unità, che condividono con
essa una tipicità che le contraddistingue dalle imprese capitalistiche. Nel senso, cioè, che la forma del sistema di imprese si rivela
essere, in tutti i periodi e le esperienze storiche particolari, come
l'unica struttura "diffusa" e articolata senza la quale neppure le
singole imprese possono continuare nel loro sviluppo.

A una "imprenditorialità collettiva" interna all'unità economica, corrisponderebbe una struttura d'impresa diffusa, secondo
un'unificazione di servizi e di sistemi di interconnessioni economiche e politiche che si manifesterebbero come una costellazione di funzioni imprenditoriali della quale è necessario assicurare
un'unificazione strategica che non ne annulli le diversità.

Sono evidenti le diversità giuridiche, istituzionali, di questa
integrazione, dalle forme di *trust*, di gruppo e di *holding* diffuse
nel settore dell'impresa capitalistica. Ma quello che più immediatamente fonda questa specificità cooperativa è la sua iscrizio-
ne in un universo di solidarismo politico e religioso, senza il quale
sarebbe inimmaginabile concepire l'aggregazione consortile o la
stabilità della nuova costellazione imprenditoriale cooperativa.

Questo discorso è assai diverso da quello che fonda la specificità cooperativa nella presunta dipendenza dal sistema politico
in una logica assistenziale, sistema inteso come intervento esterno di sostegno. Nulla di tutto questo. Si tratta di altra cosa: ovvero del fatto che il coordinamento strutturale e strategico delle
politiche aziendali si configura come un connotato endogeno
della dinamica di crescita dell'impresa cooperativa. Sino a fondare un nuovo tipo di imprenditorialità nel senso precipuamente manageriale, che può rispondere alle sfide della fluttuazione
del mercato e superare le difficoltà delle barriere all'entrata solo

in uno sforzo solidale di più unità economiche, collegate sì da somiglianze settoriali, ma anche da comuni propositi operativi. Tutte le forme partecipative, economicamente fondate, come quelle recentemente proposte (fondi di solidarietà) dirette a garantire il finanziamento delle imprese cooperative, valorizzando il risparmio delle famiglie ed evitando talune forche caudine dell'intermediazione finanziaria, debbono dunque esser ben accolte, perché si configurerebbero come congeniali a questo disegno.

Note sulle cause economiche e organizzative della struttura cooperativa federale

Se si riflette sul processo di costruzione e di sviluppo del movimento cooperativo, quali che siano le sue peculiarità culturali e le sue tipicità economiche, non si può non rimanere colpiti dalla presenza costante di forme associative che superano l'orizzonte della singola cooperativa e che mirano a realizzare un'integrazione più ampia. Il problema inizia esattamente da questa realizzazione associativa: quali sono i suoi scopi e quali sono le cause che ne stanno a fondamento? È un interrogativo, questo, fondamentale per comprendere l'essenza del fenomeno e la comprensione del problema deve basarsi su contributi intellettuali sia di tipo storico sia di tipo sociologico-economico.

È necessario, in primo luogo, chiarire un problema terminologico. Quando parlo di strumenti associativi intendo riferirmi al fatto specifico della creazione di forme di "riconoscimento" solidaristico prima, e funzionale, poi, che nella storia differenziata della cooperazione hanno assunto nomi diversi: lega, federazione ecc.

I termini sono nati dai concetti e dai valori culturali: "lega" richiama a un "fascio" di forze conflittuali con l'assetto sociale, "federazione" a un "insieme" di forze che non si pongono prioristicamente in una posizione conflittuale con l'ordinamento sociale, ma di ordinamento e di riequilibrio. La sostanza della questione, tuttavia, rimane e su questa sostanza vorrei soffermarmi.

Innanzitutto siamo dinanzi a un "processo", ossia a uno sviluppo organizzativo che assume aspetti e caratteri diversi nelle diverse fasi storiche dello sviluppo del movimento cooperativo. Le cause dell'affermarsi dell'organizzazione su basi federative all'inizio della crescita del movimento, mi pare si debbano ricercare in due concomitanti ragioni. La prima nella natura solidaristica dell'identità collettiva che mobilita gli interessi che la cooperazione tutela. Natura solidaristica che molto raramente può manifestarsi a livello di piccolo gruppo senza assumere più ampie connotazioni universalistiche, come le identità religiose e quelle ideologiche che, sia pure in diversissimi orizzonti, aspirano a unire gli uomini superando particolarismi e corporativismi. La spinta federativa è in questo caso la cristallizzazione organizzativa di un afflato morale che si trasforma in una risorsa che consente di affrontare l'ostilità dell'ambiente.

Il secondo movente di questa fase è ancora comprensibile nel contesto della ricerca di legittimizzazione e di superamento della resistenza dell'ambiente. Ma diverse sono le motivazioni. Esse sono da ricercarsi nei contrasti che si disvelano nei mercati economici per l'apparizione in essi di nuove forme di produzione e di distribuzione di beni, di prodotti e di valori monetari, quali, appunto, le cooperative. Una novità che è diversa dall'apparire di imprese o di istituti creditizi dalla ragione sociale capitalistica. In questo caso, infatti, la concorrenza avviene in forme precipuamente economiche, mentre, nel caso della cooperazione, la concorrenza da essa generata, soprattutto in questa sua fase iniziale, è non soltanto economica, ma *in primis* sociale e può assumere anche aspetti di lotta politica.

Questo accade sia quando si è in presenza di logiche cooperative dirette a rappresentare e a difendere interessi di non proprietari sia di quelle inerenti a interessi proprietari, generalmente piccoli o medi, come nel caso del commercio e dell'agricoltura (ponendosi la cooperazione di credito trasversalmente nella stratificazione sociale e non essendo da essa deterministicamente definita, quanto più, invece, dalla sua natura territoriale e localistica).

La struttura federativa diviene in questi casi uno strumento indispensabile per ridurre la concorrenza infra-cooperativa e, di conseguenza, per portare a unità i processi di riduzione delle diseconomie esterne in cui le nuove attività cooperative si trovano a operare, promuovendo forme consortili di acquisto, di distribuzione e di compensazione che incidono sui costi di gestione riducendo li e tenendo li sotto controllo.

Penso, però, che in questa prima fase dell'adattamento e della ricerca di legittimazione, la struttura federativa assolva soprattutto funzioni di indentificazione e di motivazione ideale dei soggetti della cooperazione. Essa dà loro la possibilità di giovarsi di quella formidabile risorsa organizzativa, che solo ora le discipline manageriali scoprono, che è il senso di appartenenza a una comunità più vasta e più ampia dell'intrapresa singola cooperativa. Di qui la ragione per cui molto spesso tutte le esperienze federative sono accompagnate da affiliazioni politiche o spiccatamente ideologiche: pare che le imprese cooperative non possano giustificare la loro esistenza solo su basi economiche.

Tutto inizia a mutare quando unitamente a questi due attori (le imprese e la struttura federativa) ne appare un terzo: lo Stato. Assistiamo in questo caso a ciò che la pubblicistica sul neocorporativismo definisce la creazione dei cosiddetti "governi privati". Ossia il processo di delega da parte dello Stato a strutture private di funzioni pubbliche, quale è appunto la pratica di revisione e di rappresentanza e di riconoscimento dinanzi all'amministrazione pubblica delle imprese cooperative da parte delle loro organizzazioni a base federata. Si verifica, in tal modo, un vero salto di qualità, e pur essendo possibile per la singola cooperativa esistere di per se stessa, la sua "solitudine" diviene penalizzante, per la discriminazione dei servizi e delle risorse che ciò comporta. Se a tutto ciò si aggiunge che la struttura federale assolve anche il ruolo di rappresentanza nel sistema politico, scambiando consenso dei suoi affiliati "contro" risorse legislative o amministrative erogate dalla classe politica, si ha ben chiaro ciò che s'intende per "utilità economica e organizzativa" del federarsi.

Questo processo di rappresentanza nel sistema politico è il prolungamento nell'universo cooperativo delle leggi generali della democrazia organizzata: in prima istanza il principio dei grandi numeri, del peso che si può esercitare in forma coalizzata di fronte allo Stato e al potere politico; in seconda istanza il principio che detta l'assunto per il quale è l'organizzazione a consentire il raggiungimento degli obiettivi, sicché una minoranza organizzata ha più risorse spendibili di una maggioranza disorganizzata e la grande coalizione e l'organizzazione permanente realizzano una sinergia di potente rilevanza sociale, politica ed economica.

Dinanzi a queste ragioni, che ho prima sintetizzato, non si può sottacerne un'altra, che è forse la più interessante. Mi riferisco al principio localistico, comunitario e di associazionismo "primario", che è distintivo della cooperazione cattolica, non soltanto di credito e, in generale, della cooperazione di origine religiosa.

È proprio su quest'ultima spiccata caratteristica distintiva che ora vorrei soffermarmi, chiedendo a me stesso se essa non sia quella destinata a subire le più radicali ridefinizioni nella seconda fase della cooperazione. Ossia quella non più dell'adattamento e della legittimazione, ormai valori raggiunti, ma dello sviluppo continuo nella turbolenza dei mercati e nella rapidità dell'innovazione distributiva, tecnologica, sociale. Mi pare che dall'esperienza storica vengano esempi chiarissimi di ciò ch'io voglio dire: pensiamo alla mobilità del consumatore e all'ampliarsi conseguente delle sue scelte che mettono in discussione la posizione ottima del centro localistico di consumo cooperativo: pensiamo alla trasformazione dei mercati finanziari e alla loro sofisticazione crescente e ai nuovi compiti che tutto ciò pone alle banche cooperative locali.

In questo nuovo e mutato contesto culturale, economico e sociale, i ruoli delle strutture federative si trasformano in modo radicale, così come mutano le cause che ne motivano l'esistenza. Si tratta, è bene dirlo, di un processo di cambiamento e di una fase che dura e inizia non da oggi, ma che assume ora spiccate caratteristiche per il fatto che oggi si trovavano a convivere nella situazione dell'Europa a regime parlamentare e a economia non statizzata tre fenomeni di grande rilevanza: il primo è il comporsi e l'inverarsi a livello delle culture quotidiane delle grandi trasformazioni spirituali e morali promosse da quella che io chiamo la "silenziosa rivoluzione" del secondo dopoguerra, ossia, l'aumento del reddito delle famiglie che ha avuto un trend mai prima eguagliato per rapidità e volume; il secondo è la grande trasformazione tecnologica dei processi di comunicazione e informazione, i quali, per il fatto che possono essere diffusi con una bassa intensità di capitale fisso relativamente alle precedenti ondate innovative, avranno una pervasività amplissima; il terzo è la prospettiva di una riduzione della popolazione attiva ormai irreversibile per effetti del risparmio di lavoro indotto della tecnologia da un lato e dalla anarchia e dalla pianificazione soltanto settoriale e d'impresa della società capitalistica dall'altro.

Questi fenomeni hanno formidabili influssi e influenze sulla cooperazione: i primi due la investono direttamente imponendole modificazioni strategiche, pena la marginalizzazione economica e politica; il terzo richiama prepotentemente la cooperazione alla sua radice ideale solidaristica e mutualistica e detta a essa l'esigenza di favorire, con altre forze, pubbliche e private, l'inveramento di una politica attiva del lavoro.

Lo storico sa che in epoche passate la cooperazione si trovò dinanzi a problematiche simili e rispose a esse con una singolare sintonia con quanto mi pare oggi si stia facendo, pur nella mutata situazione e nel carattere ben più rilevante che i fenomeni che ho evocato assumono rispetto al passato.

La struttura federativa vede, a mio parere, valorizzato ed esaltato il suo ruolo in questo contesto di grandi trasformazioni, ma al tempo stesso tale valorizzazione convive con pesanti condizionamenti e contraddizioni.

Infatti, nel corso del tempo in cui la cooperazione si è definitivamente assestata nei mercati economici e nei sistemi politici così da poter definire compiuta la prima fase del suo sviluppo, la struttura federativa ha visto consolidarsi la sua funzione di omogeneizzazione culturale, di supplenza nei confronti dello Stato, di rappresentanza nei confronti del sistema politico nel suo complesso, promuovendo, in accordo con la classe politica, specifiche misure di sostegno e di incentivazione.

Ma contemporaneamente a ciò anche le singole imprese e le loro strutture consortili a base precipuamente economica si sono consolidate e radicate. Tale consolidamento è avvenuto in segmenti di mercato che vanno studiati ed esaminati volta per volta per comprenderne il grado di stabilità e di permanenza. Rimane, però, indubbio il fatto che dinanzi al rafforzamento delle unità e dei gruppi economici cooperativi si accentuano, da parte di questi ultimi, tendenze all'autosufficienza, quando non all'isolamento. Tendenze tanto più sviluppate e rafforzate quanto più sono forti e resistenti gli elementi localistici e comunitari che ne connotano la fisionomia, dando a esse caratteristiche specifiche di interrelazione con una dimensione territoriale dalle radici storicamente profondissime.

Gli indicatori di questo processo sono molteplici. Dalle difficoltà nel finanziamento delle strutture federative, al ruolo scarsamente dirigente dei livelli centrali di queste ultime.

Tendenze, ancora, che sono ben più forti nella cooperazione a matrice cattolica e religiosa in genere di quanto non siano in quella socialista e, in Italia, di tradizione comunista.

Quest'ultima ha una cultura centralistica e dirigistica spiccata, una prevalenza di personale di origine partitica nelle massime strutture federali, a fronte di una cultura religiosa contrassegnata dal solidarismo locale, dall'autonomia funzionale, dalla presenza massiccia di personale federale con bassa propensione al dirigismo centralizzato. In questo contesto la struttura federativa trova dinanzi a sé difficoltà notevoli ad affermare il ruolo che dovrebbe competere a essa nella fase dello sviluppo continuo della cooperazione. Tale ruolo, nella permanenza delle funzioni prima ricordate, non può non essere quello di incrementare i processi di razionalizzazione e di interrelazione cooperativa, così da meglio rispondere alle mutate caratteristiche dell'ambiente economico e sociale e che ho prima ricordate.

Tale ruolo, insomma, viene sempre più definendosi come quello di una direzione manageriale a matrice di coordinamento e sviluppo, che, mentre fornisce servizi, elabora strategie di settore e di gruppo di lungo periodo. Il controllo e il sostegno delle performance aziendali, la formazione dei quadri dirigenti, l'incremento di forme ottimali di concentrazione e di razionalizzazione, possono essere le funzioni tramite le quali la struttura federativa vuole continuamente definire il suo ruolo.

Si avvicina in modo sempre più spiccato l'epoca in cui è necessario assolvere a un compito che gli analisti delle organizzazioni complesse identificano nell'obiettivo dell'integrazione sistemica, ossia della delineazione di strategie complesse che, mentre devono rispettare gli spazi necessari delle autonomie decisionali delle singole unità cooperative, debbono altresì mirare al raggiungimento di obiettivi di integrazione funzionale, sempre più rilevanti tra le cooperative medesime e tra queste e l'ambiente nella sua complessiva accezione.

Il credito e il consumo paiono essere i settori dove questi bisogni si connotano con sempre maggiore urgenza. Ma questi, spesso, sono i settori dove le tradizioni autonomistiche sono più spiccate. Si apre un processo conflittuale, di conflitti organizzativi ed economici dinanzi ai quali non si può non agire ricercando insieme efficienza e consenso. Mediare e portare a soluzione questi conflitti verso obiettivi di sviluppo economico e sociale, mi pare che sia un altro compito che sempre più decisamente s'impone alle strutture cooperative. Un compito difficile, forse doloroso per gli ideali che animano la cooperazione, ma inderogabile, per salvaguardarne il ruolo e i principi. Un compito che, tuttavia, appartiene in prima istanza alle imprese cooperative.

L'impresa cooperativa: distinzione e alterità

Sulla base della riflessione sin qui condotta ci si può ora porre la domanda di quali siano gli essenziali processi in cui si deve ricercare la ragione dello sviluppo dell'impresa cooperativa. Se sono vere come noi crediamo le conclusioni teoriche a cui giunge la Penrose sulla crescita delle imprese e sulla disparità possibile tra livello di sviluppo del sistema economico nel suo complesso e possibilità non utilizzate dalle grandi imprese già presenti sul mercato, il problema dello sviluppo delle imprese cooperative nel mercato capitalistico deve essere studiato sulla base delle opportunità di mercato, di competitività e di diversificazione tecnologica possibili all'interno di quella disparità.

La funzione occupazionale, per esempio, diventa una conseguenza di queste opportunità e trova una sua giustificazione non soltanto solidaristica, o politico-sociale, ma precipuamente economica, all'interno di un disegno diretto ad aumentare l'efficienza e l'efficacia dell'impresa cooperativa, che utilizza risorse non soltanto tecnologiche e di mercato, ma appunto occupazionali. Esse non troverebbero altra collocazione nelle unità produttive e altra utilizzazione da parte dei processi di trasformazione. Si determina una circolarità funzionale tra quel processo di trasferimento delle tensioni dal piano sociale a quello della realizzazione delle nuove unità economiche cooperative e il processo di crescita economica e organizzativa dell'impresa cooperativa.

Se facciamo nostra questa prospettiva analitica, i modelli consolidati a livello internazionale per studiare il sistema organizzativa e le disfunzioni dell'impresa cooperativa si rivelano assai poveri. Lo schema di Meister, che presuppone la crisi della solidarietà cooperativa quando dalla lotta per l'adattamento si passa alla legittimazione nel sistema, è sì utile per l'analisi di taluni rapporti interpersonali, ma insufficiente per studiare i problemi di gestione di unità che debbono raggiungere non soltanto gli obiettivi del mantenimento di un clima di fiducia tra dirigenti e diretti e un miglioramento continuo di questo rapporto attraverso la democratizzazione della gestione, ma anche quelli dell'efficacia e dell'efficienza per la redditività, senza ottenere i quali anche i compiti politico-sociali prima ricordati non hanno motivo di esistere.

Il problema reale per l'impresa cooperativa diviene quello della omogeneità da raggiungere tra le risorse contenute nella funzione dell'occupazione (la "complessità" della forza-lavoro) e quelle che debbono essere attivate e utilizzate dal controllo di gestione e dalla funzione produttiva. Ciò è vero anche nell'impresa capitalistica, ma in misura molto minore di quanto non accada in quella cooperativa: questo perché il controllo di gestione nella cooperazione si deve tradurre immediatamente in stili e forme di direzione largamente decentrate, pena la perdita del carattere di gestione democratica dell'impresa.

La ragione di questa omogeneità, sempre da ricercare, sta innanzitutto nella specificità della genesi dell'impresa cooperativa, che è individuabile nella mobilitazione collettiva e politico-sociale e quindi nella centralità della funzione dell'occupazione, o dell'utenza e del supporto, nel caso di unità cooperativa di consumo e di servizio.

Nel senso, cioè, che sono gli attori sociali della struttura d'impresa che organizzano attorno alle loro originarie esigenze le funzioni del controllo di gestione e della produzione e non viceversa, come invece accade nell'impresa capitalistica. Deve essere sottolineato il fatto che queste considerazioni qui appena delineate portano nuovi argomenti comprovanti quelle ipotesi che – anche per quel che riguarda l'impresa capitalistica – tendono a moderare il determinismo chandleriano della prevalenza – ai fini e nella prassi decisionale – della strategia sulla struttura.

La predominanza strutturale, intesa come patrimonio di risorse e di produzione anche delle condizioni di formazione delle idee imprenditoriali, verrebbe confermata.

I problemi, in ogni caso, sorgono quando da questa prima fase (dell'"origine") che potremmo chiamare della "omogeneità delle funzioni", si passa alla ricerca di risorse che rispondano non più alla primitiva struttura organizzativa, ma alla necessità di rispondere alle sfide del mercato e della concorrenzialità tecnologica.

In questo caso, a una struttura già consolidata e caratterizzata da una omogeneità funzionale tipica dei piccoli gruppi e da una solidarietà organica che ha appena abbandonato l'aura partecipativa della solidarietà meccanica (che ricorda la democrazia del "gomito a gomito" descritta da Desroche e da Vienney) si sostituirebbe una struttura d'impresa che non attirerebbe più risorse attivate dalla funzione occupazionale, o da quelle tipiche della funzione di utenza e di supporto nelle cooperative non industriali, quanto, invece, risorse che si troverebbero volta a volta sul mercato capitalistico, sia sul fronte occupazionale sia su quello precipuamente organizzativo e tecnologico, infrangendo in tal modo quella solidarietà funzionale che pare essenziale per la conservazione degli originali caratteri cooperativi.

Il problema, dunque, sarebbe non tanto o non soltanto quello posto dalla dimensione di scala in quanto tale, ma dal cambiamento della posizione occupata nel mercato dei beni e dei capitali, nel contesto dello sviluppo e dell'innovazione tecnologica. In questo senso l'aumento delle dimensioni e dell'occupazione si manifesterebbe come riflesso di tale cambiamento, indotto da fattori più esogeni che endogeni.

Questa nuova fase è la più critica nello sviluppo delle imprese cooperative, ben più di quella iniziale. E a differenza di quanto accade nell'impresa capitalistica è in questo periodo che crescono i pericoli oligarchici e che si sottovalutano i problemi di gestione, continuando, cioè, a considerarli naturalmente risolti, così com'era nel primo periodo della facile "democrazia di gestione" della appena sorta impresa cooperativa.

Quanto abbiamo fin qui detto non risolve una questione essenziale della teoria dell'impresa cooperativa: quello della disparità esistente tra il livello di riflessione raggiunto dalla teoria e il comportamento fattuale dell'impresa. Anche in questo caso l'invito alla riflessione viene dal movimento storico che scorre sotto i nostri occhi. La crisi economica che attraversa l'Europa è evento tanto noto nelle sue dimensioni e nei suoi caratteri da non dover essere qui ricordato. A fronte di tale evento l'osservatore non può non notare che, per quanto concerne la disoccupazione industriale, il processo della crescita cooperativa prosegue.

Del resto tendenze simili si riscontravano già nella metà degli anni Settanta, quando si verificò, tra il 1970 e il 1977, un naturale incremento dei soci (di tutte le cooperative) in tutti i paesi dell'OCSE, con la sola stagnazione dell'Italia e con la sola regressione della Gran Bretagna.

Questa breve annotazione iniziale è diretta a porre un problema che mi pare sostanziale ai fini di un discorso scientifico sulla teoria dell'impresa cooperativa: quest'ultima pare svilupparsi sia in condizioni di crisi e di recessione sia in condizioni di sviluppo del sistema economico nel suo complesso, con una crescita del numero dei soci che, in entrambe le condizioni, connota in misura determinante la proliferazione di queste unità produttive.

Questa è un'osservazione che – unitamente a proporzioni teoriche molto più generali – mette in discussione la teoria neoclassica dell'impresa cooperativa, corollario del paradigma della teoria neoclassica dell'impresa *tout court*.

Questo corollario è noto a tutti i "cultori della materia". Mi limiterò a riassumere i tratti essenziali e utili al fine del nostro ragionamento. La divaricazione delle funzioni di utilità tra impresa capitalistica e impresa cooperativa avviene sul terreno dell'obiettivo dell'impresa: per la prima è la massimizzazione del profitto, per la seconda la massimizzazione del reddito dei soci. L'impresa cooperativa non massimizzerebbe, in questo modo, né il profitto né l'occupazione, pur essendo concepita come somma di capitali e di forza lavoro individuali (e quindi dovrebbe pur essere in grado, come l'imprenditore, di distinguere tra salario/reddito e profitto).

James Meade è l'autore che lascia più sfumata questa divaricazione, con la definizione del *net-income* cooperativo (salario più profitto capitalistico): in questo modo il reddito dei soci diviene un concetto più comprensivo e presuppone la possibilità sia di una sua integrale trasformazione in salario, sia di una sua ripartizione in reddito diretto dei soci, sub-specie salario e reddito indiretto dei soci, sub-specie ristorno usato come rinvestimento nell'impresa.

In ogni caso mi pare evidente che così si presupponga: una dimensione di scala ottimale cooperativa più bassa di quella capitalistica, essendo l'incentivo economico tanto più alto quanto più basso è il numero dei soci; una propensione all'alta produttività del lavoro. Naturalmente, mano a mano che cresce la dimensione, l'identificazione dei soci con la cooperativa (ossia l'alternativa all'*exit* per il decrescere dell'utilità individuale), è da ricercarsi unicamente nella valorizzazione degli elementi motivazionali dell'autogestione. Questo spiega, del resto, come i "neoclassici-cooperativi" ritengano compatibili l'orientamento all'ofelimità e l'autogestione nel loro modello interpretativo (e naturalmente l'autogestione è "compatibilissima" con il mercato): quando la prima non spiega più i comportamenti dell'impresa interviene una *virtus* motivazionale, non qualificabile e non comprensibile secondo i criteri dell'utilità marginale (il che è cosa quanto meno bislacca per la coerenza concettuale di un modello).

Che questa via sia però obbligata per i "neoclassici cooperativi" è comprovato dal fatto che essi debbono ritrovare la condizione di equilibrio, in presenza di aumento della domanda e dei prezzi, nella diminuzione dell'occupazione e della produzione, sotto l'imperio dell'obiettivo categorico della massimizzazione del reddito individuale dei soci. Mentre è noto che l'impresa capitalistica risponde alla stesse condizioni aumentando produzione e lavoro. Naturalmente Meade e Vanek realizzarono la saldatura teorica della loro costruzione concettuale presupponendo, a livello macroeconomico (in una economia *labour-management*), la diminuzione delle dimensioni di scala e il contemporaneo ingresso di nuove imprese cooperative sui mercati, che assorbirebbero i "disoccupati cooperatori" provocati dalla prima tendenza.

L'Italia è l'unico paese nel quale – perseguendo una linea interpretativa esile ma illustre – questi paradigmi sono stati discussi. I critici possono essere polemici con tutta l'impostazione surriferita, oppure con parti non marginali di essa, pur non mettendone in discussione gli esiti ultimi e il teorema fondante. Giannola, ad esempio, dinanzi alla paradossalità della propensione all'espulsione di forza lavoro (sub-specie soci, non lo si dimentichi!) aggira l'ostacolo ipotizzando una caduta occupazionale apparente e non necessaria, superando la sua identificazione in unità fisiche attraverso l'identificazione in unità orarie.

Ma, così facendo, deve presupporre come necessaria un'altra variabile *non* necessaria, ossia la propensione a ridurre l'intensità di lavoro dei singoli, fermo restando il presupposto dell'equilibrio, salvando l'occupazione.

L'importanza della riflessione di Giannola risiede tuttavia nel fatto che egli mette al centro della sua riflessione il lavoro come struttura fondante la cooperativa. Ed è quindi il lavoro che costituisce una rigidità rispetto alle decisioni in merito alla ripartizione del sovrappiù tra consumi e investimenti, a differenza del ruolo che svolge la distribuzione del reddito ai fattori esterni dell'impresa. Giannola, tuttavia, accetta il presupposto a livello macroeconomico dell'analisi neoclassica, per il quale – e le cause di ciò stanno negli assunti sopra ricordati – la propensione a investire in condizioni di crescita della domanda effettiva è tipica soltanto dell'impresa capitalistica e, quindi, una politica keynesiana di sostegno alla domanda, in presenza di sottoccupazione, è rivestita di finalità di massimizzazione dell'occupazione soltanto per quest'ultima impresa.

Un tentativo anti neoclassico fra i più interessanti – basato su impostazioni teoriche condivisibili – è venuto da Bruno Jossa e soprattutto da Paolo Leon. La critica di quest'ultimo alla teoria neoclassica dell'impresa cooperativa è sviluppata sulla base della convinzione della fallacia dei fondamentali dell'analisi microeconomica come base di quella macroeconomica che ipostatizzano l'autonomia dell'impresa.

Il concetto di scarsità è la chiave analitica che si pone in discussione, con esiti quanto mai innovatori. Un altro presupposto dell'analisi di Leon è il concetto di "impresa divisa", contrapposto a quello dell'imprenditore unico e a quello dell'obiettivo unico della massimizzazione del profitto. In questo contesto la critica al marginalismo è sviluppata sulla base di un modello di impresa cooperativa per il quale essa ha al centro dei suoi obiettivi quelli della difesa dell'occupazione e della continuità dell'impresa (sub-specie massimizzazione dell'autofinanziamento).

Ciò che è decisivo non è quindi tanto l'assetto proprietario quanto, invece, il tipo di direzione, accentrata in un nucleo di lavoratori che si identificano in sistemi di solidarietà. In questo modello l'impresa cooperativa non è un'impresa divisa (per funzioni: vendite, produzione, controllo) come quella capitalistica e risponderà in misura diversa alle situazioni di recessione e di crescita. In quest'ultimo caso le varie funzioni tendono a massimizzare comportamenti loro propri e non tutti comprensibili nella categoria della massimizzazione del profitto.

Nella recessione, essendo sempre prevalente (nella cooperativa) la funzione della produzione (attorno alla quale si accentra il nucleo direttivo dei lavoratori), la riduzione delle vendite non influirà in modo radicale nell'orientamento al mercato, aumentando le spese promozionali e variando il *mix* produttivo, così come accade nell'impresa capitalistica. Anche la funzione del controllo è negletta. Alla crescita del costo del lavoro esso non può opporsi, come può debolmente opporsi al crescere delle spese fisse. Diminuiranno quindi i profitti o aumenteranno le perdite rispetto alla situazione dell'impresa capitalista in fase di recessione, ma si manterrà l'occupazione, giungendo come effetto macroeconomico – a estenderla, quando la cooperativa si specializzerà in produzioni a elevato rapporto tra costo del lavoro e spese variabili totali. Diversa la situazione in fase di ripresa. Nell'impresa capitalistica è la produzione a premere con la massima utilizzazione della capacità produttiva e la crescita delle vendite, con una quasi totale omologazione con il comportamento dell'impresa cooperativa, sia in fase recessiva, sia in fase di crescita. In quest'ultima situazione, tuttavia, la nostra cooperativa diviene una entità economica che non è più soggetto di motivazioni allo sviluppo così come lo era nella fase di recessione, venendo meno la sua funzione anticiclica di sostegno all'occupazione, funzione che invece Jossa pone al centro di una possibile strategia cooperativa sostenuta da un pertinente intervento legislativo.

Il modello di Leon ha il grande pregio di porre le basi per una risposta non neoclassica, antimarginalistica, alla teoria economica dominante dell'impresa cooperativa. Esso tuttavia contiene delle aporie comprovate dalla sua scarsa capacità euristica. In primo luogo il modello non spiega, a livello macroeconomico, lo sviluppo della cooperazione in condizioni di crescita dell'economia. Abbiamo visto che questo è un fenomeno diffuso a livello mondiale e che è stato spiegato assimilando il comportamento delle cooperative nascenti a quello delle piccole e medie imprese, nel superamento della barriere all'entrata, nell'utilizzazione delle economie interstiziali a livello macroeconomico, nell'impossibilità oligopolistica di cogliere tutte le opportunità presenti nel sistema. In secondo luogo, a livello microeconomico, il modello ipostatizza una cooperativa scarsamente differenziata nelle sue funzioni, a bassa divisione funzionale e, quindi, ad alta cultura "operaistica".

La notevole divisione funzionale, soprattutto nelle grandi dimensioni di scala, inizia invece a essere un fenomeno diffuso nella cooperazione e l'integrazione o la sostituzione del modello solidaristico operaistico orientato alla produzione inizia a essere assai diffuso, come dimostrano anche indagini empiriche. Infine, un modello di questo tipo riperpetua la prevalente attenzione rivolta all'impresa industriale da parte dell'analisi neoclassica, mentre invece la cooperazione è fenomeno non limitato a questo settore dell'economia.

Sottolineo, infine, che questi limiti sono da superarsi soprattutto rispetto alla situazione futura, in cui è ipotizzabile una crescita, a fianco di quello industriale, degli altri settori e *in primis* di cooperative formate da attori sociali con una cultura diversa da quella prevalente sino a ora in quello industriale (basta pensare al terziario avanzato). Lo sviluppo teorico può divenire una delle condizioni fondamentali per consolidare tendenze, sostenere processi innovativi.

> Per quanto riguarda *l'appropriazione dei mezzi materiali di produzione completamentari,* rispetto al lavoro, questa può avvenire: a) da parte dei singoli lavoratori o da parte di gruppi di lavoratori [...] (in quest'ultimo caso il gruppo può essere) completamente o relativamente chiuso (cioè da parte di un gruppo di consociati) di modo che non il singolo lavoratore ma un gruppo può agire economicamente come un'economia di carattere unitario cioè su base comunistica) oppure con una appropriazione di partecipazioni (cioè su base cooperativa) [...] caratteristica delle cooperative produttive[3].

La citazione weberiana non è un vezzo accademico, ma una scelta diretta a superare una sorta di "fissità" dell'approccio neoclassico e della sua critica: quella di ipotizzare la differenziazione dell'impresa cooperativa rispetto all'impresa capitalistica

---

[3] Weber M., *Economia e società*, vol. I, Milano 1968, pp. 127-128.

sulla base della massimizzazione del profitto a fronte di quella del reddito dei soci. Una differenziazione rispetto alla proprietà dei mezzi di produzione mi pare molto più proficua dal punto di vista analitico. Cercherò di esplicitarne le ragioni qui di seguito. Ho sviluppato queste proposizioni riflettendo sulla teoria dei profitti, della crescita e del finanziamento sviluppata da Adrian Wood. Essa mi è parsa la più congruente con l'assunto weberiano e la più dotata, in tal modo, di capacità euristica. Pur essendo nota come teoria della grande impresa capitalistica, e non di quella nazionalizzata e di quella piccola, essa mi pare di grande importanza per la formazione dei prerequisiti di una teoria non neoclassica dell'impresa cooperativa.

La ragione risiede in due proposizioni essenziali di Wood: che l'ammontare dei profitti è determinato dalla quantità degli investimenti programmati; che il presupposto della massimizzazione della crescita dell'organizzazione non è collegato necessariamente alla divisione tra proprietà e controllo, come nella teoria del capitalismo manageriale, ma invece alla dinamica stessa della crescita dell'impresa, quale che sia il rapporto tra proprietà e controllo.

Il sovrappiù o profitto cooperativo, ripartito sotto forma di ristorni, di salari e di investimenti in capitale fisso (comprensivo quindi degli ammortamenti e delle imposte), diviene una condizione di sopravvivenza prima e di sviluppo poi dell'impresa. Infatti se essa è frutto geneticamente del trasferimento delle tensioni dalla mobilitazione collettiva alla creazione di unità economiche, una teoria della cooperazione deve spiegare analiticamente nel suo modello il fenomeno della riduzione dell'utilità individuale (subspecie ristorni e salari) che connota gran parte dell'esperienza primigenia delle imprese (il cosiddetto "autosfruttamento") e che è possibile soltanto per la formazione dei sistemi di solidarietà.

Essi differenziano, del resto, una parte dei soggetti dalla totalità, che pur è posta nelle stesse condizioni materiali e che non accedono alla scelta cooperativa. La massimizzazione della continuità organizzativa avviene in presenza dell'unificazione sociale (non funzionale, beninteso) di proprietà (l'assemblea dei soci) e di controllo (le tecnostruttura), essendo il bene dell'occupazione l'utilità da raggiungersi a qualunque costo, attraverso la ripartizione del sovrappiù, a discapito dei ristorni e dei salari e a vantaggio degli investimenti.

Un processo tutt'affatto diverso da quello della massimizzazione del reddito a discapito dell'occupazione, oppure – a livello macroeconomico – della prevalenza dello sviluppo dell'occupazione cooperativa soltanto in presenza di recessione. Gli investimenti programmati sono in tal modo definiti come quelli necessari alla sopravvivenza dell'impresa e al suo sviluppo nella fase di crescita, precipuamente per il fatto che la disponibilità dei mezzi di produzione non è tutta cristallizzata in una risorsa allocabile sulla base di scelte che possono essere esterne alla struttura dell'impresa stessa (come nel caso del capitale delle società per azioni), quanto, invece, in una risorsa che è *essa stessa* fondamento della struttura: il lavoro dei soci *proprietari dei mezzi di produzione*.

Queste proposizioni non mutano, nella sostanza, anche quando si considera la prospettiva di breve termine, anziché quella di lungo termine, tipica degli assunti teorici da cui esse derivano. Quando, cioè, è improbabile che il sovrappiù non distribuito e il fabbisogno di finanziamento interno si muovano in modo sincronico e interconnesso, di anno in anno, di mese in mese. La tendenza alla capitalizzazione da parte dei soci sotto forma di prestiti o di rinuncia al ristorno, è una risposta preventiva ai rischi che l'indebitamento porta con sé, soprattutto sul fronte dell'aggravio degli oneri finanziari. L'indebitamento, in ogni caso, diviene portatore di *input* di costi e viene internalizzato dall'impresa come fattore indispensabile alla crescita, secondo lo schema prima esposto.

Semmai occorrerebbe sviluppare, nelle imprese cooperative come sistema integrato (quando non si è in presenza di unità di grandi dimensioni di scala che possono assolvere da sé a tali funzioni), delle attività finanziarie atte a sostenere le oscillazioni della domanda e dei profitti con risposte alternative a quelle perseguibili con l'indebitamento.

Non elevate sono le modificazioni che dovrebbero essere portate alle nostre proposizioni quando si esaminano le cooperative di credito e di consumo. Nel primo caso, come del resto accade nelle società finanziarie, le acquisizioni e la disposizione di capitali inducono a massimizzare il valore delle risorse finanziarie, e a realizzare profitti a breve termine.

È indubbio, tuttavia, che nelle banche prevalgono logiche fortemente differenziate di raggiungimento delle utilità rispetto a quelle prevalenti nelle grandi imprese. Sulla base degli esiti della storiografia più avvertita, sembra ipotizzabile che la prospettiva della stabilità dell'organizzazione si coniughi con quella del profitto massimo. Nel caso cooperativo, la stessa natura e diffusione dell'azionariato (popolare e dei dipendenti, su scala locale), comproverebbe e rafforzerebbe quest'ipotesi, non contravvenendo ai presupposti sopra-esplicitati.

Il caso del consumo è più complesso. Come nella cooperativa di credito, il trasferimento delle tensioni si realizzerebbe sul terreno del raggiungimento non di occupazione, ma di beni e di capitali che, attraverso l'azione collettiva, si configurano come risorse altrimenti non perseguibili in condizioni di debolezza sui mercati.

Si realizza così la crescita di parti sociali dei redditi grazie alla diminuzione dei costi di generi di consumo e di capitali monetari. L'allocazione di queste risorse non viene più perseguita attraverso il mercato, ma invece attraverso l'azione organizzata (è un concetto, questo che riprenderemo in seguito, applicandolo a tutte le forme tipologiche cooperative).

Il sovrappiù viene diviso prima attraverso l'abbassamento dei prezzi dei beni soltanto in favore dei soci, poi allargando anche ai non soci (principio della "porta aperta") questa opportunità, così come storicamente s'è verificato in pressoché tutte le esperienze nazionali. Una simile strategia diviene essenziale per incrementare le vendite e superare in modo positivo il vincolo dei costi fissi e delle necessità di circolante, al fine di rispondere alle oscillazioni dei flussi di vendita, in presenza della minaccia sempre presente della prevalenza dell'aumento dei costi commerciali rispetto a quello dei prezzi di ricavo.

Mi pare, tuttavia, che anche in questi casi i presupposti distintivi della proprietà collettiva dei soci vengono bene evidenziati dal fatto che, anche nel consumo e nel credito, essi divengono fattori di valorizzazione della funzione di sviluppo dell'organizzazione, condizione essenziale per ottenere a costi decrescenti i beni e i capitali, contestualmente alla corresponsione di ristorni in natura e di dividendi. Non a caso anche nel credito si è via via abbandonato il principio della "porta chiusa" per quello della "porta aperta", non massimizzando gli utili di pochi, ma lo sviluppo organizzativo a favore di molti.

Economia e politica sono, dunque, inscindibilmente uniti nella teoria dell'impresa cooperativa, nel senso che la sua costituzione è fondata su una forma specifica di proprietà collettiva. Essa è il carattere precipuo di questa forma d'impresa, così come la riflessione che si sviluppò nell'Ottocento aveva benissimo colto.

In questo carattere precipuo stava la causa di quel "turbamento" e "disorientamento" delle menti degli economisti liberisti di cui parlava Rabbeno e su cui discussero a cavallo del XX secolo alcuni tra gli interpreti di questo fenomeno sociale, ancora in superati per profondità analitica, non oscurata dalla passione con la quale caldeggiavano (od osteggiavano!) la cooperazione.

Lo sviluppo della funzione dell'occupazione come corollario dello sviluppo della struttura organizzativa, la massimizzazione del reinvestimento (fenomeno verificato da importanti ricerche) come condizione di questo sviluppo, sono conseguenza di quel carattere fondativo. La cooperazione incorpora le proprietà tipiche del "capitalismo manageriale", nonostante l'identità sociale di proprietà e controllo. È in ogni caso fondamentale la divisione funzionale che si verifica per la formazione di una tecnostruttura. Tale formazione avviene secondo modalità e tempi dettati dalla storia specifica di ogni impresa cooperativa, in base alla prevalenza della struttura sulla strategia, secondo il presupposto non-chaldleriano prima esposto. Del resto, non è forse il carattere fondativo: "appropriazione dei mezzi materiali di produzione da parte di gruppi di lavoratori" a generare i presupposti politico-organizzativi della cooperazione? Penso al voto per testa e al sistema di rappresentanza sindacale a predominanza subculturale-politica, che interagiscono per garantire la partecipazione democratica alle decisioni (che si identifica impropriamente con l'autogestione) e la continuità della solidarietà organica internalizzata come risorsa.

Avevo parlato un tempo di cooperazione come sistema organizzativo di unità economiche al crocevia di mercato politico e mercato economico. Dopo una riflessione autocritica sull'uso improprio del primo termine preferisco parlare di interconnessione tra sistemi di solidarietà e/o di subcultura politica e mercato economico.

L'impresa cooperativa ha tre caratteri distintivi a partire dal fondamento weberiano appropriativo: *una costitutività subculturale politica; una costitutività precipuamente economica; una costitutività organizzativa.*

La *costitutività subculturale politica* è necessaria e sufficiente nel periodo della fondazione: solo la creazione di sistemi di identità degli attori consente di identificare gli interessi e di operare il trasferimento delle tensioni dalla mobilitazione collettiva alla creazione di unità economiche. La subcultura è la matrice dell'identità e della solidarietà. L'utilitarismo rivela tutta la sua povertà euristica e la sua fallacia teorica. Nel caso specifico, la "teoria dell'inesistenza della specificità cooperativa" di Pantaleoni, per il quale l'egoismo e l'utilità individuale erano l'elemento fondante la cooperazione, trova una ennesima smentita. Il mantenimento del patrimonio subculturale e la sua riformulazione continua consentono di affrontare, sulla base di una cultura distintiva d'impresa, i compiti posti dalla costitutività organizzativa in tutte le fasi successive a quella della fondazione. Siamo dinanzi a una risorsa che dura e si accresce nel tempo.

La *costitutività precipuamente economica* è quella della trasformazione della solidarietà meccanica in solidarietà organica, ai fini del conseguimento di opportunità di produzione di reddito e di acquisizione di beni in forma più conveniente e sicura di quanto non sia la ricerca sul mercato. L'occupazione si configura spesso come opportunità perseguibile soltanto con metodi cooperativi. In ogni caso diviene più efficace ed efficiente ricercare queste opportunità con un'azione organizzativa, via via diretta a pianificare, in modo sempre più razionale rispetto allo scopo, strumenti di formazione di un sovrappiù e di sviluppo dell'organizzazione. Il confronto sui mercati dopo il superamento delle barriere all'entrata e il consolidamento delle originarie posizioni interstiziali (sino a superarle e ad assumerne talune in forma oligopolistica, basti pensare al consumo e a talune produzioni agricole!), genera quel comportamento economico già sintetizzato a partire dalla critica alle posizioni neoclassiche.

La *costitutività organizzativa* è la trasformazione della solidarietà da sistema di conservazione del patrimonio subculturale in sistema di gestione, fondato sul *total-management* e sulla congruità tra le due precedenti costitutività. Per questo essa è centrale: sia per la tipicità cooperativa a fronte di quella capitalistica, sia perché costituisce ciò che vorrei chiamare il "meccanismo di metabolizzazione dei valori politico-universalistici attraverso i criteri di perseguimento dell'efficacia e dell'efficienza".

Questa "funzione metabolica" può essere rappresentata da un doppio meccanismo dei vasi comunicanti a partire dalla proprietà collettiva e dai meccanismi di manifestazione della volontà dei soci.

Funzione metabolica della proprietà collettiva e della solidarietà dei soci

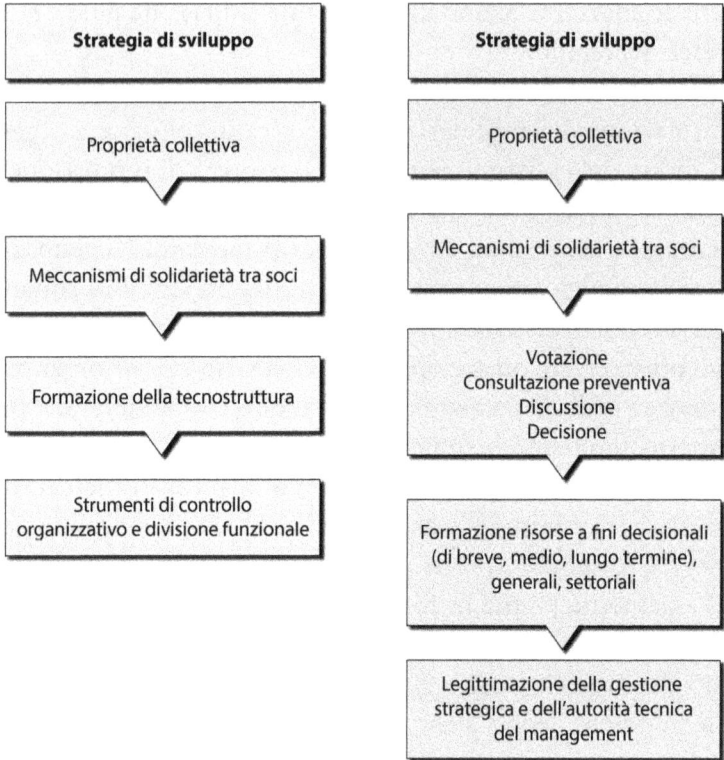

Strategia di sviluppo	Strategia di sviluppo
Proprietà collettiva	Proprietà collettiva
Meccanismi di solidarietà tra soci	Meccanismi di solidarietà tra soci
Formazione della tecnostruttura	Votazione Consultazione preventiva Discussione Decisione
Strumenti di controllo organizzativo e divisione funzionale	Formazione risorse a fini decisionali (di breve, medio, lungo termine), generali, settoriali
	Legittimazione della gestione strategica e dell'autorità tecnica del management

Al termine di questo saggio, quando avrò sviluppato più diffusamente il discorso in merito alla rilevanza del sistema subculturale ai fini della teoria, porrò in rapporto questi fattori costitutivi con le fasi di sviluppo dell'impresa e del ruolo esercitato volta a volta dal sistema di rappresentanza sindacale.

L'importanza di questo approccio mi sembra rilevante anche ai fini della discussione più recente sulle alternative presenti in merito allo sviluppo organizzativo del lavoro umano e al rapporto impresa-mercato.

Marglin e Williamson sintetizzano eloquentemente, con le loro opere, i termini di questa polemica in merito alle alternative possibili (e diversamente ipotizzate come tali). La cooperazione diviene un'interessante cartina di tornasole per misurare o valutare meno impressionisticamente la validità universalistica di talune asserzioni.

In primo luogo il determinismo socio-politico di Marglin, che identifica molto banalmente la gerarchia con i rapporti di potere tra capitalisti e lavoratori (per cui si presuppone la fabbrica come luogo di potere a somma zero), è contraddetta non soltanto dalla storia economica e sociale (su cui non posso qui dilungarmi), ma anche dalla compresenza di rapporti gerarchici con rapporti socio-politici di proprietà collettiva e con potere non a somma zero.

Naturalmente questo non esclude che siano sacrosante le esercitazioni dirette a valorizzare e a riportare alla luce forme organizzative del lavoro umano fondate sulla autodecisione e sulla discrezionalità dei lavoratori, ma esse non ci dicono nulla sulla loro presunta maggiore efficienza e sul perché, anche in quei casi, riscontriamo – a ben vedere – rapporti gerarchici. Naturalmente essi sono non a somma zero, ma invece fondati su forme legittimate di potere, convalidate consensualmente.

Ho proposto a questo proposito il concetto di autorità tecnica e ne ho esaltato la validità di "principio sansimoniano" diffuso nel caso cooperativo. Insomma, se nelle proposizioni *à la* Marglin qualcosa è insostenibile è la concezione militaresca e primitiva di gerarchia come prodotto del conflitto politico, e l'asserzione che il meccanismo della fabbrica moderna, per affermarsi storicamente, non ha avuto bisogno di dimostrare di essere il più efficiente.

Ma non disperdiamoci in inutili politiche e continuiamo il nostro discorso, anche se quest'ultima asserzione, nata da un giusto principio anti-neoclassico, andrebbe a lungo meditata.

Naturalmente chi conosce i termini della questione non può non sottolineare il tenore della risposta di Williamson a queste tesi, laddove dimostra che sono proprio i modelli organizzativi misti, ossia che si presentano sia in condizioni di proprietà capitalistica sia in condizioni di proprietà collettiva, a incorporare il maggior grado di gerarchia. Il "gruppo dei pari", il più assimilabile tra i suoi tipi ideali a quello cooperativo, è appunto uno di questi: il processo assembleare di formazione delle decisioni si combina con l'elezione dei capi sulla base di una proprietà collettiva e una retribuzione egualitaria di gruppo.

Ma la rilevanza del modello di Williamson non sta tanto nelle risposte a Marglin sui problemi della gerarchia (sarebbe stata ben poca cosa!) quanto, invece, nella prosecuzione della linea di analisi anticipata da Coase negli anni Trenta, per la quale vale anche per l'impresa la scelta tra le due vie per la produzione e l'allocazione delle risorse: quella del mercato e quella dell'organizzazione.

Per dirla in termini più corretti, quando il costo della transazione sul mercato è diversa da zero diventa possibile considerare come strumento più efficace ed efficiente quello che conduce all'interno dell'impresa le transazioni medesime, sviluppando gerarchia, controllo e coordinamento. Il modello gerarchico, che, l'abbiamo visto, può manifestarsi in diverse forme e in diverse condizioni di appropriazione di mezzi di produzione, espliciterebbe quindi una superiore efficienza transazionale, internalizzando nell'organizzazione proprietà del mercato.

Se si pone in rapporto il trasferimento delle tensioni a fini cooperativi con le caratteristiche delle costitutività economica della cooperazione, ci si convince che quest'ultima è una verifica esemplare del modello transazionale sul versante non soltanto dell'internazionalizzazione di risorse, ma anche di produzione più conveniente delle medesime attraverso l'azione organizzata. L'*organizing ability* (bene pubblico non scambiabile sul mercato) che il Marglin ultima versione riscopre in guisa autocritica, e che Coase identificava nel 1937 nell'abilità imprenditoriale, diventa nella cooperativa elemento costitutivo dell'azione organizzata, nel suo continuo e ulteriore perfezionamento, pena la decadenza dell'impresa.

Di qui l'importanza (più che nell'impresa capitalistica) della formazione e diffusione della cultura manageriale nell'impresa cooperativa. Se volessi ricercare, inoltre, un fondamento scientifico alla mia passione per il modello cooperativo e alla mia scelta etica a suo favore, non potrei che partire da questa versione transazionale dell'impresa cooperativa (che ho depurato degli attributi neoclassici originari, non ritenendoli essenziali ai fini euristici del modello qui esposto).

Penso, cioè, al fatto che la riflessione manageriale più innovativa ha sottolineato l'importanza di un'azione organizzata a fini economici che ha per presupposto valori solidaristici, sostenendone, questo è il punto, la più elevata efficacia ed efficienza. Barnard non parlava forse di un nesso tra consenso e aumento dell'efficienza? E cos'è la riflessione di Ouchi sulle forme di clan organizzativo (alla "giapponese") che consentono produzione e riproduzione di elevati tassi di persuasione, solidarietà, di *feeling of personal comfort in social relations*, se non una dimostrazione che l'interiorizzazione della consapevolezza di compiere azioni eque e, quindi, di considerarsi portatori di valori universalistici, è un formidabile strumento di abbassamento dei costi di transazione sub-specie azione organizzata?

Tanto più l'unità economica è debole economicamente sui mercati economici, tanto più, dovremmo presupporre, dovrà produrre forza solidaristica nell'arena delle culture politiche. Eccoci, dunque, all'intersezione della solidarietà politica con il mercato economico non in modo artificiale, non invocando una *virtus* che illumina cooperativisticamente i soggetti razionali della fantasia neoclassica, ma invece pertinente e congrua alle finalità organizzative ed economiche dell'impresa non capitalistica.

La politica è connaturata secondo due modalità all'attività cooperativa. La prima è la creazione di meccanismi di identità che consentono la formazione di sistemi di solidarietà. La seconda è alla base dello scambio politico che si realizza con risorse di sostegno legislativo e commerciale, corrisposte alle imprese a fronte di consenso elettorale e di sostegno collettivo alla classe politica, che governa o consente di accedere a quelle risorse. La prima modalità è quella della continuità e contiguità subculturale, la seconda è quella della necessità di un rapporto con il sistema politico, così come avviene, del resto, anche per le imprese capitalistiche. La specificità dello scambio politico cooperativo risiede non tanto nel fatto che per meglio agire sui mercati le imprese debbano identificarsi in sistemi di rappresentanza – ciò succede anche per le imprese capitalistiche – quanto, invece nel fatto che, in tutti i casi nazionali, sembra possibile formare tale sistema di rappresentanza soltanto attraverso la continuità extra-aziendale e intra-aziendale con gli originari sistemi subculturali che hanno favorito l'azione organizzata producendo i valori solidaristici.

Solidarietà organica come fattore organizzativo e solidarietà come elemento di interconnessione tra imprese, sistemi di imprese e sistemi di rappresentanza. Se si pensa che questi sistemi di rappresentanza svolgono un insostituibile ruolo di interconnessione funzionale e di rafforzamento economico, soprattutto alle origini e nelle fasi di crescita dell'impresa cooperativa, anche qui l'interconnessione tra economia e politica mi pare emerga con tutta evidenza.

Per questo mi pare inapplicabile all'impresa cooperativa un "puro" modello lobbistico di rapporto tra le imprese e il sistema politico, così come è invece più connaturato alle imprese capitalistiche, prive di un sistema di solidarietà subculturale come quello cooperativo.

Mi pare importante ricordare che, come ho già detto all'inizio, questo rapporto, in forme non dissimili da quelle riscontrabili nell'impresa capitalistica – può essere il focolaio di situazioni assistite, che nulla hanno a che vedere con i meccanismi di solidarietà e di identità collettiva, ma ne rappresentano, invece, una perversione sul piano degli incentivi individuali e burocratici del consenso. Effetto ultimo di ciò è la gracilità economica e manageriale delle aziende.

Un filone di studio di grande interesse potrebbe essere quello diretto a studiare le interconnessioni esistenti tra sistema politico e di rappresentanza, struttura e strategia d'impresa e modello della gestione organizzativa.

Il primo contrassegna, rispetto alla cooperazione, il sistema politico inteso come cristallizzazione partitica delle subculture originarie dei sistemi di solidarietà – nel rapporto tra questa cristallizzazione e le funzioni distributive dello Stato. Rapporto che viene garantito dalle associazioni di rappresentanza sindacale delle imprese.

La struttura e la strategia d'impresa identificano il patrimonio di risorse accumulate in senso fisico e umano (con la relativa articolazione amministrativa dell'impresa) e il progetto volta a volta perseguito sulla base dei valori culturali che animano gli attori posti in condizione di decidere. La gestione organizzativa è lo spazio dell'azione collettiva e individuale, diretta a determinare le modalità di decisione, controllo e regolazione del sistema aziendale.

Sulla base dei risultati degli studi sin qui sviluppati e della riflessione comune che su questo problema abbiamo sviluppato separatamente, ma con esiti largamente comuni, io e Stefano Zan, è possibile individuare delle fasi o tappe di sviluppo dell'impresa cooperativa, che sono una sorta di "tipi ideali" di situazioni di crescita (restano da studiare i problemi del declino), analizzate nella loro continuità e cercando di coglierne gli elementi di rottura rispetto a stati di interconnessione funzionale del sistema cooperativo d'impresa. Sinora si sono identificate tre tappe della crescita.

La prima fase, di "difesa", è caratterizzata, per quanto concerne la struttura e la strategia, da una scarsa differenziazione funzionale rispetto all'ambiente originario, permanendo la contiguità con la resistenza sindacale o l'associazione mutualistica e quindi sviluppando forme di opposizione con l'ambiente originario. Scarsa legittimazione esterna e una strategia rivolta alla pura sopravvivenza completano il quadro.

Il rapporto con il sistema politico è molto forte, sia sul versante della cristallizzazione partitica sia su quello della rappresentanza sindacale, essenziale sia per il rapporto con le risorse della solidarietà e della funzione distributiva statale, sia per la tutela politica nei confronti dell'ambiente che la rappresentanza può svolgere. Naturalmente la gestione organizzativa sarà caratterizzata da: rapporti "gomito a gomito", alta solidarietà meccanica, forte prevalenza di leadership carismatiche.

La seconda fase, o tappa, è quella del "consolidamento". Si sviluppa un'integrazione funzionale con l'ambiente dei mercati (cresce la legittimazione) contestualmente a una differenziazione con l'ambiente originario: nasce l'impresa. La strategia non è più orientata alla sopravvivenza, ma allo sviluppo dell'organizzazione. La prevalenza del sistema politico decresce perché decresce la necessità di supplenza rispetto alle imprese, che iniziano a reclamare una riclassificazione della tutela in prestazione di servizi. Permane la funzione solidaristica e di rapporto con lo Stato a predominanza partitica.

La gestione si orienta decisamente verso la solidarietà organica e quindi verso forme di stratificazione sociale e organizzativa che debbono risolvere in partecipazione democratica la gestione, attraverso il decentramento organizzativo e decisionale.

La fase della "proposta" è quella dello sviluppo continuo, con prevalenza dell'integrazione consortile e funzionale. Tutte le tendenze presenti nella seconda fase permangono e assumono una valenza via via più importante, nel senso che sono sempre più difficili da raggiungere e soprattutto da contemperare: cresce l'autonomizzazione dell'impresa, che risente via via più fortemente dell'integrazione con i mercati economici che con i sistemi di solidarietà; cresce l'esigenza di *total management*, ma la partecipazione è sempre più un costo per gli attori. Tutto diviene oggetto di una sfida continua.

Permane la specificità cooperativa d'interconnessione tra mercato economico e sistemi di solidarietà: occorre riformularne i rapporti funzionali, rinnovarne i valori universalistici, raggiungere nuovi livelli di efficacia dei comportamenti sui mercati imperfetti.

CAPITOLO TERZO[4]

LA COOPERAZIONE COME IMPRESA TRA TEORIA ECONOMICA E TEORIA POLITICA

Teoria dell'impresa o teoria della cooperazione come impresa?

La riflessione internazionale consente di affrontare il tema della "cooperazione come impresa" con strumenti pluridisciplinari che, nel loro comporsi nella prassi della ricerca, riflettono in certo qual senso la specificità della vicenda delle unità o dei sistemi economici cooperativi. L'assunto che sosterrò qui di seguito è appunto che la cooperazione, nella sua peculiarità organizzativa, si sviluppa in un crocevia di sistemi storico-concreti che possono così essere sintetizzati: da un lato i mercati economici di beni, dei capitali, del lavoro; dall'altro il sistema e la società politica in cui la cooperazione è, insieme, una risorsa spendibile nel contesto della rappresentanza degli interessi e un vincolo subculturale che si manifesta nella mobilitazione collettiva.

Il tutto nello svolgersi di un processo storico che richiama continuamente la dimensione diacronica dei problemi e che richiede un uso attento delle categorie economiche, sociologiche e politologiche che debbono essere empiricamente

---

4 Questa parte del libro riprende, per larga parte in forma integrale, il mio G. Sapelli, *La cooperazione come impresa: mercati economici e mercato politico*, in G. Sapelli (a cura di), *Il movimento cooperativo in Italia. Storia e problemi*, Torino 1981, che ho ampliato e sviluppato nelle sue conclusioni.

convalidate e sottoposte a falsificazione ogni qualvolta ciò sia necessario. Uno sforzo analitico, insomma, che nella sua pluridisciplinarietà immediatamente si espone alle critiche degli specialisti e che non può che essere inteso se non come una prima tappa verso ricerche collettive delle quali più che mai si sente l'urgenza e la necessità.

Per applicare lo schema interpretativo della cooperazione come impresa è necessario evincere dalla storia del sistema organizzativo cooperativo i presupposti di una teoria dello sviluppo economico delle sue unità associative. I problemi definitori che un tentativo siffatto solleva sono molteplici e alcuni non irrilevanti ai fini del nostro lavoro. Il più importante di questi è quello che può riassumersi nella sintetica affermazione di Luigi Einaudi:

> Non posso dimenticare per dovere professionale – diceva l'economista piemontese il 14 maggio 1947 nel corso della discussione sull'articolo 42, poi 45, della Costituzione – un celeberrimo articolo di tanti anni fa, scritto da Maffeo Pantaleoni, in cui era dimostrato essere logicamente impossibile trovare un significato tecnico-economico al concetto della cooperazione. E così perentoriamente concludeva: Fino a oggi, che io sappia, nessuno è stato in grado di confutare quello studio del Pantaleoni[5].

La forza dell'argomento di quest'ultimo risiedeva nel fatto che, assunto come vero il principio secondo il quale la cooperazione era attività economica e imprenditiva, nulla la distinguesse dalle imprese capitalistiche, a differenza di quanto affermava il Wollenborg, per il quale nella struttura cooperativa dell'industria (contrariamente a quanto si verificava in quella "privatistica") il soggetto di ogni singola impresa, la "personalità dell'industria", era la "collettività organizzata" delle stesse "economie particolari" che utilizzavano e fornivano specifiche "prestazioni economiche".

---

5 Briganti W., *Il movimento cooperativo in Italia 1926-1962*, Roma-Bologna, 1978, p. 187.

Pantaleoni sosteneva, invece, la presenza di una simile identificazione tra produttori e fornitori dei servizi prodotti anche nell'impresa capitalistica "a struttura privatistica". La sola differenza formale che poteva riscontrarsi tra le due unità produttive, erette a "tipi ideali", sarebbe consistita nel fatto che nel primo caso la comunità associativa avrebbe prodotto direttamente ciò che a essa occorreva, mentre nel secondo tale produzione sarebbe avvenuta per via indiretta, trattandosi della differenza esistente – diremmo noi – tra conseguimento di un reddito reale e conseguimento di un reddito monetario.

Ma la critica di Pantaleoni si rivelava più corrosiva e fondamentale per la discussione sulla possibilità di concepire la cooperazione come una specifica forma storicamente determinata dell'impresa moderna, laddove sottolineava l'inconsistenza di ogni teoria che presupponesse una sorta di autosufficienza e di isolamento economico della cooperazione: anch'essa, quand'era di produzione, vendeva al pubblico come tutte le altre imprese; anch'essa, quand'era di consumo, poteva impersonificare nei suoi soci il conflitto tra il socio membro della cooperativa e il socio consumatore, quando questi, per la concorrenza presente sul mercato dei beni, preferiva rivolgere altrove la sua propensione all'acquisto per varie condizioni più favorevoli.

Una posizione, quella del grande economista, che, mentre aveva il merito di tentare una definizione non astorica della cooperazione, ma tutta determinata, invece, dalle sue interne contraddizioni e dal suo riconoscimento come soggetto economico operante nei mercati, rifletteva altresì una posizione tipica della scienza economica ufficiale nei confronti delle cooperative. Ovverosia la "cooptazione" di queste ultime tra la categoria delle imprese *tout court*, negando a esse ogni pretesa atipicità, se non per assumere tali differenziazioni – che si riassumevano tutte nei "fini extra economici" o "etici" – come motivi per definire le cooperative stesse come istituzioni economiche "spurie" o di "deteriore natura".

Tale modello culturale, che ritroveremo ancor vivo e operante sino ai giorni nostri, con modificazioni dettate dallo stesso progredire della riflessione sull'impresa, era una conseguenza diretta del turbamento provocato tra gli economisti dalla "novità che nel principio della cooperazione in genere, e più ancora nella società [cooperativa] di produzione" si conteneva.

Queste associazioni – affermava lucidamente Ugo Rabbeno nel 1889 – accennavano a voler esercitare l'industria in modo diverso da quello che prevaleva e che era creduto ottimo; annunciavano l'idea di voler sopprimere il salario e di porre la direzione (non diciamo l'impresa, perché allora questo concetto nella società di produzione non era ancora ben chiaro) dell'industria in mano agli operai. Ora tutto questo turbava maledettamente gli economisti, disorientava le loro menti. Quando in Francia si cominciò a parlare di associazione produttiva, l'ordinamento economico che si andava svolgendo sulla base della libertà e del capitalismo era ancora, per la maggior parte degli economisti, in una completa luna di miele; era l'ora delle armonie di Bastiat. E questo ordinamento armonico lo si credeva e lo si valutava assoluto, immutabile; e guai a chi osasse toccarlo! La società di produzione introduceva in questo ordinamento qualcosa di nuovo, qualcosa di diverso; e questo solo bastava perché la si dovesse combattere a oltranza[6].

Di qui l'attenzione, rivolta da coloro che vedevano nella cooperazione una forma specifica di attività economica non assimilabile con l'impresa capitalistica, verso le tendenze degenerative della stessa cooperazione: identificate queste ultime e distinte dal modello "puro" di cooperativa, tutta la novità e l'atipicità del nuovo esperimento associativo meglio potevano essere valorizzate. Rintuzzando in tal modo le critiche degli avversari.

È significativo, tuttavia, che quella distinzione di cui andiamo dicendo venisse ricercata dai difensori della cooperazione nel diverso organizzarsi (non più conflittuale) dei fattori produttivi,

---

[6] Rabbeno U., *Le società cooperative di produzione. Contributo allo studio della questione operaia*, Milano 1889, p. 445.

anziché nel diverso collocarsi della cooperazione nel mercato grazie alla "politica di sostegno" garantita dalle pubbliche istituzioni, come ritenevano invece i suoi avversari:

> Essa si propone di eliminare l'antagonismo che attualmente esiste nella produzione, modificando la forma dell'impresa in modo da non avere più tale divisione di imprenditori e salariati, in modo da togliere al lavoro quella disgraziata qualifica di "merce", che ora gli compete, e restituirgli la sua indipendenza economica, garantendogli in pari tempo una giusta retribuzione e ripristinando nella produzione l'equilibrio, che fra i suoi elementi è venuto a mancare.

E si credeva di poter individuare la causa della fortuna di queste nuove e diverse unità associative di produzione, di consumo e di credito, nella loro dimensione piccola e media, che, a fronte della grande industria e delle grandi concentrazioni finanziarie, ne avrebbe garantito lo sviluppo.

> La grande potenza di diffusione della grande industria fece dapprima credere che questa non dovesse trovare alcun limite, e che, davanti a lei, la piccola fosse destinata a sparire quasi completamente. Ma poi si è osservato che la piccola industria e l'industria media hanno pure un loro campo speciale di azione, nel quale si trovano completamente a loro agio né possono temere la concorrenza della grande industria, che non ve le può seguire[⁷].

E la modernità di questa osservazione del Rabbeno, che s'inseriva nella riflessione sviluppatasi tra la fine dell'Ottocento e l'inizio del Novecento per merito del Ghersi e del Tosi sulle piccole e medie imprese è tanto più esplicita se si pensa ai settori specifici di sviluppo ch'egli indicava alla cooperazione di produzione, preannunciando (solo per alcuni versi e certo ingenuamente, ma ogni tempo ha la sua temperie teorica) quelle che diverranno poi, in un contesto analitico ben più profondo, le decisive meditazioni di Edith Penrose su questo problema.

---

⁷ Rabbeno U., *Le società cooperative di produzione...*, cit., p. 562.

Tali campi specifici di azione erano i servizi di riparazione e conservazione dei prodotti già fabbricati, nei quali il lavoro prevaleva in modo assoluto sul capitale; i settori industriali caratterizzati da prodotti dal ristretto consumo, sia per scarsità di domanda, sia per difficoltà di trasporto; le attività per esercitare le quali non erano necessari grandi capitali e una rigida divisione del lavoro; le lavorazioni dove prevaleva l'abilità artigianale; tutti i casi, infine, nei quali l'associazione dei piccoli produttori poteva migliorarne le condizioni di concorrenza nei confronti dei grandi complessi sia acquistando in comune e all'ingrosso le materie prime, sia spacciando in comune i prodotti.

L'utilità di queste riflessioni del Rabbeno non risiede soltanto nell'aver delineato lucidamente una sorta di classificazione dell'attività cooperativa nel suo articolarsi, ma anche nel proporre una riflessione sulle ragioni precipuamente economiche che presiedono al suo sviluppo nei differenti mercati dei beni, del lavoro, dei capitali.

Il problema di definire da un lato la natura e dall'altro il comportamento dell'associazione cooperativa continuava a sussistere, tanto più quando all'inizio del secolo XX e poi nel pieno fiorire dell'esperimento giolittiano di allargamento del consenso allo Stato liberale, tale movimento associativo veniva sempre più a configurarsi come un fenomeno storico non più esorcizzabile ed eliminabile.

Esso aveva ormai assunto la configurazione di un settore del movimento classista e socialista delle classi subalterne e l'iniziativa delle classi dominanti – che si esprimeva, sul piano teorico, nella negazione della stessa "originalità" dell'agire economico cooperativo – doveva lasciare il posto a una più meditata riflessione su quest'ultimo. Quasi un riflesso, insomma, del "riconoscimento della impossibilità di dare uno sbocco positivo al tentativo dei liberali sociali di esercitare un'egemonia sul movimento operaio attraverso la cooperazione".

Un'impossibilità che non poteva non tradursi, in questi settori delle classi dirigenti, nel consolidamento e nello sviluppo di "forme organizzative autonome (banche popolari, cooperazione di credito, sindacati e consorzi agrari ecc.), che, se pur accentuarono il distacco dalla loro origine popolare, tuttavia rappresentarono sempre degli strumenti attraverso i quali ha affermato Degl'Innocenti [cercare di condizionare] il movimento associativo democratico e socialista". Ragione di più, dunque, per promuovere lo sviluppo dell'analisi economica e sociologica sulla cooperazione.

Diveniva inevitabile, in questo contesto, accogliere il principio introdotto dal Leroy-Beaulieu (tra i più lucidi avversari dei cooperatori), della " subalternizzazione del capitale", rovesciandolo da elemento utopico e funesto in elemento fondante la specificità della cooperazione. Tale "subalternizzazione" non costituiva, tuttavia, di per se stessa, una spiegazione euristica di tale specificità: essa andava piuttosto ricercata, così come fu nuovamente riproposto dal Tamagnini nella metà degli anni Cinquanta del Novecento, nel concetto del "ricorso a un costo di riproduzione", secondo quanto, in modo insuperabile, aveva già affermato Maffeo Pantaleoni (singolare destino, per un accanito sostenitore della impossibilità di fondare economicamente il concetto di cooperazione, il fatto che la sua opera sia così ricca, invece, di spunti al riguardo!).

Il punto saliente nella costituzione di una cooperativa è questo: che l'unione di forze economiche in una nuova combinazione [...] costituisce o crea un costo di produzione o un valore di sostituzione che prima non c'era [...] le cooperative di ogni genere sono una unione di forze economiche, la quale è tale che costituisce un costo di riproduzione di un servizio per coloro stessi che hanno unito le loro forze. È un metodo di produzione che si riassume nel dire: uniti noi produrremo direttamente, e da per noi, ciò che ci costa di più se ce lo riproduciamo isolati[8].

8 Pantaleoni M., *Erotemi di economia*, Bari 1925, p. 141.

Ma tale considerazione dell'impresa cooperativa come ricorso a un costo di riproduzione socialmente acquisito doveva presto lasciare posto a una riflessione sulla natura e sul comportamento di quest'ultima che, nel suo stesso proporsi, si confrontasse con quella configurazione di sottosistema organizzativo del movimento classista che la cooperazione, nei suoi comparti a predominanza politica socialista, veniva ormai irreversibilmente assumendo.

Non è casuale, perciò, che le due opere più importanti nelle quali questo confronto si esplicitò a livello teorico segnino, con le date della loro pubblicazione, pressoché i limiti cronologici dell'espansione cooperativa e dell'agire e del consolidarsi del socialismo riformista in questo settore prima dell'avvento del regime fascista: nel 1901-1902 e nel 1918 si pubblicano le opere del Lorenzoni e del Valenti, che tanta importanza hanno nel costituire il corpus della riflessione sulla teoria della cooperazione come impresa.

> Per noi – affermava infatti Lorenzoni – la cooperazione è un fenomeno di classe, o se vogliamo di categorie economiche. È mezzo di cui queste si valgono per risolvere un loro specifico problema economico. E i casi che si presentano sono due: o si tratta di affrontare la soluzione del problema in concorrenza o in contrasto con altre classi, oppure, indipendentemente da simili considerazioni, di ottenere a mezzo dell'unione tra soggetti economici omogenei un risultato che senza quella unione sarebbe irraggiungibile[9].

Nel primo caso si sarebbe trattato di "cooperazione reattiva", nel secondo di "cooperazione integrativa". Se quest'ultima poteva non differire dai consorzi tra produttori piccoli e medi sino a essere assimilata a quelli obbligatori in vigore durante il fascismo, (dove si era stati indotti "a conferire a una maggioranza [...] il diritto di imporsi a una minoranza renitente", cosicché il ter-

---

[9] Lorenzoni G., *La cooperazwne agraria nella Germania moderna*, vol. II, Trento 1901-1902, pp. 4-5.

mine cooperazione assumeva tutt'altro significato), quella "reattiva" collimava con quella individuata dal Valenti come "correttivo della distribuzione della ricchezza[10]", ed era tutta sussunta nell'azione di "categorie economiche" impegnate a trovar spazio sui mercati in contrasto con le classi detentrici, sino ad allora, del monopolio della produzione e del commercio dei beni.

Un'indicazione, questa, che bene chiariva i movimenti e il comportamento dell'azione cooperativa e formalizzava teoricamente i dati empirici riscontrabili in un processo storico che gli osservatori contemporanei del sorgere della cooperazione avevano già intravisto lucidamente:

> È evidente che le cooperative, quando siano forti e bene organizzate – osservava ancora il Rabbeno nel 1890 – fanno una concorrenza dannosa al piccolo commercio; ma gli è appunto quando sono tali, che riescono a raggiungere il loro scopo di avvantaggiare i consumatori: è naturale che cooperative ed esercenti minuti si facciano concorrenza, ma la cosa è inevitabile e fatale [...] Noi non crediamo che in un avvenire molto prossimo le cooperative si sostituiranno completamente al piccolo commercio [...] ma un'evoluzione in questo senso è inevitabile, ed errano assai i commercianti, se credono di potere, colle loro proteste, fermarla. Si sfoghino pure un poco, e poi finiranno per lottare con altre armi; facendo alle cooperative una concorrenza seria e onesta[11].

L'importanza di questa conquista teorica, ovvero il considerare la cooperazione un momento dell'agire sociale in un contesto economico determinano da contrastanti comportamenti di altri soggetti sui mercati dei capitali, dei beni e dei prodotti, non può essere sottovalutata. Essa consente di unificare concettualmente il carattere di resistenza e di utopia autogestionaria, presente nel movimento cooperativo sin dalle sue origini, con quello più propriamente economico e di socializzazione imprenditoriale che lo

---

[10] Valenti G., *L'associazione cooperativa*, Modena 1902, p. 365.

[11] Rabbeno U., *In guerra contro le cooperative di consumo*, "La cooperazione rurale", 16 ottobre 1890, ora in Briganti W., *Il movimento cooperativo*, pp. 159-166.

caratterizza atipicamente. E, soprattutto, essa fonda la legittimazione del rapporto storicamente determinatosi tra pubbliche istituzioni e cooperazione, senza che questo possa venir interpretato come riprova di quel carattere "deteriore" o "economicamente spurio" che dai suoi avversari veniva addebitato alla cooperazione.

Non è casuale che un esplicito incoraggiamento a questa legittimazione venisse, con grande vigore, dal più illustre rappresentante della cooperazione liberale, Luigi Luzzatti. Nel corso del discorso, denso di indicazioni e di stimoli, pronunciato dinanzi al congresso delle affittanze collettive svoltosi in Roma nel 1912, egli ebbe infatti a dichiarare:

> Lo Stato deve concedere alle organizzazioni dei lavoratori le stesse agevolazioni creditizie che concede alla borghesia – di fronte alle banche per le classi agiate devono esserci quelle per le classi disagiate – il diritto è identico a quello del capitale. Non seguire questa via significa aiutare la cooperazione in teoria e sacrificarla nella realtà[12].

Non potrebbe esservi più esplicita manifestazione della concezione giolittiana del ruolo dello Stato liberale e del suo trasformarsi in strumento di allargamento del consenso sociale di queste parole del Luzzatti, confermate, del resto, da tutta la sua azione di cooperatore capostipite dei liberali sociali.

Non v'è dubbio che questa concezione della cooperazione come impresa che doveva trovare nell'azione dello Stato le stesse occasioni di sviluppo che quest'ultima offriva alle imprese capitalistiche (proprio perché si trattava di un fenomeno tipico dell'agire sociale delle classi subalterne) era la più idonea perché si affermasse, a proposito di quella politica legislativa avviata da Giolitti e continuata dal fascismo. A questo proposito Bonfante scrive:

> Inaugurata da Giolitti e ripresa in grande stile dal fascismo, e cioè il dualismo normativo che grosso modo si ispirava tendenzialmente al

[12] Basevi A., *Luigi Luzzatti cooperatore*, "Rivista della cooperazione", 1952, n. 3, p. 119.

disegno di limitare solo alle cooperative dei ceti più disagiati il controllo dello Stato, lasciando al contempo ad altri ceti una sorta di zona aperta a ogni tipo di speculazione[13].

Ovvero sia la riprova, da un lato, che al consenso si accompagnava il controllo sociale – e ciò assunse i suoi tratti più vistosi e non accomunabili con quelli del periodo giolittiano durante la dittatura fascista – dall'altro, che verso la cooperazione non operaia si applicava una politica che potrebbe identificarsi con quella individuata nel "protezionismo liberale", garanzia insieme di libertà d'azione e di sostegno indiscriminato.

Si era ben lontani, in ogni caso, dalla falsa coscienza della causa anticooperativa liberista e fascista della "prima ora" la quale, proprio perché rifletteva l'incapacità di superare le secche di una lettura dogmatica e classista della riflessione di Pantaleoni sull'impresa capitalistica e sulla cooperazione (a quest'ultima indiscriminatamente assimilata), contribuiva al "coagularsi" di un gruppo di pressione antigiolittiano di destra che come ha affermato Degl'Innocenti:

> Andava ben al di là dei settori direttamente colpiti dalla concorrenza delle cooperative, ma tendeva decisamente a modificare il quadro dei rapporti politici esistenti nella direzione di una difesa a oltranza del privatismo e della creazione di un blocco sostanzialmente autoritario[14].

Emerge chiaramente, da queste considerazioni, come il ripercorrere criticamente il dibattito sulla cooperazione come impresa, il ripercorrerlo cioè utilizzando criteri di giudizio idonei per rispondere all'interrogativo che ci eravamo posti all'inizio, sia di necessità una sorta di interrogazione continua della vicenda sociale della cooperazione che in questo dibattito lucidamente si riflette.

---

[13] Bonfante G., *Il concetto di mutualità. Lineamenti evolutivi e prospettive di riforma delle cooperative*, "Democrazia e diritto", 1977, n. 2, p. 340.

[14] Degl'Innocenti M., *Storia della cooperazione in Italia 1886-1925*, Roma 1977, p. 222.

Esempio rinnovato di ciò è l'opera di Riguzzi e Porcari, *La cooperazione operaia*, pubblicata a Torino per i tipi gobettiani nel 1925, che bene esprime il livello di forza raggiunto dalla cooperazione italiana nell'immediato dopoguerra, quando già il fascismo si apprestava ad abbattere il potenziale democratico in essa contenuto. Un'opera sulla quale si ritornerà, ma che qui giova ricordare per il suo valore emblematico, proprio per la ricordata espansione del movimento che in essa si rifletteva. L'analisi sulla cooperazione, sia come sistema organizzativo fondato sull'autogestione, sia come impresa, si presentava con una concettualizzazione intrinsecamente unitaria e proprio perciò le considerazioni finali sugli imperativi che discendevano da quest'ultima connotazione assunta dalle unità associative rivestono particolare importanza. Secondo gli autori:

> La cooperazione ha una funzione economica e una funzione sociale che sono inscindibili [...] che si prefigga [soltanto] fini economici o di speculazione [la cooperazione] non ha alcun valore. Un capitalista che intende raccogliere capitali per organizzare un'impresa qualsiasi a scopo di guadagno, costituirà una società anonima, un'accomandita, sceglierà in una parola la forma che meglio si presta ai propri fini, ma si guarderà bene dallo scegliere la forma cooperativa[15].

Ma dopo aver rifiutato energicamente la "cooptazione" dell'agire economico cooperativo in quello dell'impresa *tout court*, riaffermandone, attraverso l'enumerazione dei principi fondamentali (voto per testa ecc.), il carattere distintivo e quindi "reattivo", veicolo e insieme cristallizzazione istituzionale dell'azione autonoma delle classi subalterne, Riguzzi e Porcari individuavano lucidamente e profeticamente, più di cinquant'anni fa, quali dovevano essere le regole e i comportamenti di un'impresa sì atipica e non capitalistica, ma il cui successo

> al pari dell'impresa privata nel regime attuale come in ogni altro regime, dipende dalla sua capacità di produrre secondo le leggi dell'economia nel modo più perfetto e meno costoso. La cooperazione che

---

[15] Riguzzi B., Porcari G., *La cooperazione operaia*, Torino 1925, p. 5.

vuol battere in breccia, in regime di libera concorrenza, l'impresa privata, deve osservare con la maggior cura e col massimo rigore queste leggi. Sta in ciò la sua ragion d'essere. Vi è un problema di capitali e di uomini nell'organizzazione di ogni servizio e di ogni produzione, un problema delle materie prime e dei prodotti, un problema di ricerca delle fonti di produzione e dei mercati di vendita, un problema del credito, del costo di produzione e del costo dei servizi, un problema delle spese generali ecc., questi problemi dovevano essere posti al primo piano di ogni attività cooperativa[16].

Non aver considerato in tutta la loro gravità questi problemi, scegliendo "gli uomini spesso con criteri di natura politica", elevando "il costo della produzione e dei servizi [...] spesso più [...] che nell'azienda privata", aveva condotto la cooperazione italiana verso gravi crisi nel suo processo di sviluppo. Ma affermare questo non era forse sottolineare con drammatica inattualità, dinanzi alla stabilizzazione incipiente della dittatura, che proprio nell'"atipicità" della natura di impresa della cooperazione risiedeva la causa di questa crisi, ovvero che essa non poteva non intendersi come il riflesso di quella funzione economica e quella funzione sociale che se potevano essere concettualmente unificate, spesso, nella pratica, si presentavano drammaticamente divise e in contrasto?

Verso una teoria dello sviluppo economico della cooperazione

Questa scissione tra due fondamentali funzioni cooperative, riflesso d'un mutato rapporto tra struttura economica delle unità produttive e predominanza politica che ne sovra-determinava lo sviluppo, raggiunse il suo punto più alto durante il periodo fascista, quando la burocratizzazione e la centralizzazione antidemocratica del sistema intercooperativo fu determinante per consentirne la coesistenza con un regime dittatoriale e con un

---

16 Riguzzi B., Porcari G., *La cooperazione operaia*, cit., p. 191.

disegno diretto a fondare quest'ultimo su una base di massa attraverso il controllo sociale.

Una volta privata la cooperazione dell'unità tra democrazia autogestionaria e fini economici o imprenditoriali socialmente determinati che l'aveva caratterizzata originariamente, gli obiettivi economici, non più definiti socialmente ma posti al di fuori d'ogni controllo dal basso, non potevano che trasformarsi in mere funzioni di mantenimento dell'organizzazione, segnando la degradazione delle cooperative a strumento della macchina di potere fascista.

Dirette da ristrette oligarchie esse saranno spesso duramente colpite dall'incapacità gestionaria di queste ultime, prive di quella "sapienza" direttiva che le élite social-riformiste, selezionate da lunghi anni di apprendistato, avevano invece saputo esprimere. Per certi versi soltanto la cooperazione cattolica di credito e quella combattentistica e liberale sfuggiranno a questo destino convivendo con il regime, a differenza di quanto accadde alla cooperazione socialista.

In ogni caso, la rottura che si verificò negli anni del fascismo tra la "struttura" d'impresa della cooperazione e la definizione democratica della sua "strategia" non poteva essere più completa. Se "una società cooperativa è un'impresa costituita e diretta da un'associazione di utenti, che applica – ci ha ricordato Paul Lambert[17] – al suo interno la regola della democrazia e si dedica direttamente al servizio sia dei suoi membri sia dell'insieme della comunità", nulla è più importante, per la condotta della cooperazione come impresa, della ricerca dell'equilibrio tra fini economici e pratiche democratiche di gestione.

L'incrinatura che in questo equilibrio si produsse non ebbe soltanto le conseguenze che abbiamo precedentemente rapidamente sintetizzato ma, se si esclude la rielaborazione dell'ope-

---

17 Lambert P., *Explications sur la doctrine coopérative*, in AA.VV., *Second mélanges d'économie politique et sociale offerts à Edgard Milhaud. Thème: L'économie collective*, Liegi 1960, p. 283.

ra originaria del Lorenzoni, edita nel 1936, essa significò anche l'eclisse della riflessione sulla cooperazione come impresa, soffocata, dapprima, dai vaniloqui della pubblicistica fascista, poi, dal faticoso sforzo di ricostruzione che il movimento cooperativo dovette affrontare nel secondo dopoguerra più sulla spinta di una rinnovata tensione attivistica che di una rimeditazione teorica del problema. È significativo, comunque, che la ripresa del dibattito sul tema che qui ci interessa avvenne sotto la diretta influenza di questi impellenti problemi del movimento, adeguandosi quasi alle sue debolezze, per rifletterne in seguito il più che soddisfacente sviluppo dalla metà degli anni Sessanta sino ai giorni nostri, che sono destinati a segnare una svolta nella riflessione sulla cooperazione come impresa.

L'operaio inglese, francese, tedesco, i contadini, i ceti medi di quei paesi possono risparmiare e sottoscrivere nelle loro cooperative dei capitali molto più alti di quanto non possa fare l'operaio, il contadino, l'impiegato italiano, il cui tenore di vita è già troppo basso e i cui consumi sono eccessivamente limitati. Di qui – concludeva nel 1955 Walter Briganti – una fondamentale povertà di capitali disponibili per il movimento cooperativo italiano rispetto a quelli dei paesi anglosassoni, scandinavi, della Francia, del Belgio [...].

Le difficoltà di reperimento del credito e la ristrettezza del mercato dei capitali che soffocava il rinascente movimento cooperativo costringevano i suoi dirigenti a riflettere sui rapporti tra quest'ultimo e l'ambiente nel quale si trovava a operare. E se in tal modo si superava sin dall'inizio ogni illusione sull'autosufficenza cooperativa, diveniva indispensabile definire più precisamente lo scenario nel quale la cooperazione veniva a collocarsi. Era inevitabile, quindi, che nel settore cooperativo impegnato nello sviluppo e nel rafforzamento delle classi subalterne (la cooperazione social-comunista) e in quello impegnato nella difesa di consolidati interessi proprietari e delle classi medie (la cooperazione cattolica), tale definizione si formulasse utilizzando il patrimonio culturale del sistema di partiti che ne difendevano gli interessi, non senza una ripresa di motivi e di spunti analitici ch'erano già stati proposti dai teorici prefascisti della cooperazione. Significativa, a questo proposito, la riproposizione negli anni Cinquanta della concezione della cooperazione come soggetto operante sui mercati secondo comportamenti simili a quelli delle piccole e medie unità produttive. In mercati che non soltanto erano ristretti e limitati dalle chiusure politiche della guerra fredda, ma nei quali dominavano incontrastate le concentrazioni monopolistiche. Queste divenivano i nemici principali del movimento cooperativo e operaio, secondo i dettami di una politica delle alleanze e di una concezione economica largamente maggioritaria tra le élite dei partiti di sinistra. La grande debolezza di struttura della cooperazione italiana prodotta dai monopoli – affermava ancora Briganti – è la debolezza generale di tutta la piccola e media impresa italiana, che lavora con costi di produzione altissimi per le strozzature monopolistiche che esistono nelle fonti di energia, nelle materie prime, nei semilavorati, nelle macchine, nel credito bancario, e oltre a tutto questo per un fiscalismo rapace volto a sostenere una quota di spese improduttive del bilancio dello Stato che è insostenibile per un paese come il nostro [...]. Di fronte a questi alti costi di produzione, che scoraggiano e raffrenano l'espansione produttiva, sta un mercato estero artificialmente limitato, per ragioni di politica generale, ai paesi del blocco occidentale, verso i quali, per gli alti costi che hanno le imprese italiane, e perché si tratta di mercati molto simili al nostro, le esportazioni divengono man mano più difficili, mentre d'altro canto il mercato interno è troppo ristretto e depresso per compensare i mancati sbocchi all'esportazione[18].

È significativo, a questo punto, ricordare che nel periodo prefascista la fortuna della cooperazione come impresa veniva fatta discendere dalla possibilità di affermazione che alle piccole e medie unità produttive s'aprivano grazie al dispiegarsi dello sviluppo economico. Esso, nell'età del decollo industriale, si presentava agli osservatori sociali come il più importante e indiscutibile fattore endogeno di crescita. Si trattava, in questo caso, quasi di una conferma dell'asserzione in base alla quale oggi riteniamo che:

Se il tasso di sviluppo di un sistema economico resta a un alto livello, la frazione di opportunità di investimento complessivo che la

---

[18] Briganti W., *Cooperazione e monopoli*, "Critica economica", agosto 1955, pp. 284 e ss.

grande impresa sarà in grado di sfruttare diminuirà e per le piccole imprese lo spazio in cui potranno espandersi verrà ad ampliarsi in mancanza di restrizioni poste alla loro capacità di espandersi negli interstizi[19].

Nel secondo dopoguerra, invece, la convinzione che nel processo di concentrazione monopolistica si dovesse indentificare la più importante variabile del sistema economico, che si riteneva caratterizzato allora da persistenti sintomi di una crisi non congiunturale, rafforzava l'idea di un comportamento delle unità associative cooperative condizionato dalle strozzature e dalle restrizioni provocate da tale concentrazione.

Simili ipotesi avevano come effetto la sottovalutazione degli aspetti precipuamente imprenditoriali della cooperazione, che si raffigurava come una cittadella assediata da più potenti soggetti capitalistici operanti sui mercati. L'interesse si spostava da questi aspetti al sistema di forze impegnate nella lotta contro il monopolio, sistema nell'ambito del quale la cooperazione come impresa non poteva non avere che un ruolo secondario e tutto contrassegnato dalla sua alleanza con la piccola e media impresa.

Giovanni Niccli affermava significativamente nel 1957 nella relazione al I congresso dell'Associazione nazionale delle cooperative agricole:

> Se è indubbio che l'azienda contadina, singola e associata è la più adatta alla nostra economia agraria [...] è altresì certo, perché è dimostrato dall'esperienza, che in tale tipo di azienda più difficili sono l'introduzione di una tecnica avanzata nelle coltivazioni e la valida difesa dai monopoli sul fondo e sul mercato. È la cooperazione agricola che attraverso l'associazione economica delle piccole e medie aziende contadine può rendere possibile questa saldatura e con essa contribuire alla vitalizzazione delle aziende stesse e alla loro affermazione quali protagoniste del nuovo assetto agricolo italiano [...]. Riforma agraria e rinnovamento agricolo possono attuarsi attraverso una via

---

[19] Penrose E.T., *La teoria dell'espansione dell'impresa*, Milano 1973, cit., p. 295.

democratica e italiana solo se basati sul binomio: proprietà e azienda contadina-cooperazione[20].

Lo sviluppo economico che – con i suoi squilibri e le sue contraddizioni inoppugnabili – caratterizzò gli anni Cinquanta e i primi del successivo decennio, fu dunque un evento non previsto dalla cooperazione italiana. Essa aveva identificato concentrazione e mancato sviluppo del sistema, difficoltà frapposte alla crescita delle associazioni e atomizzazione delle stesse in un tentativo di sopravvivenza, risoluzione finale delle contraddizioni capitalistiche e raggiungimento degli obiettivi economici e politici del fronte antimonopolistico. Ma con lo sviluppo economico imprevisto si verificò la crescita del movimento cooperativo senza che quella finale risoluzione e quegli obiettivi trovassero una loro attuazione, cosicché la validità della tesi che non tutte le opportunità di investimento in un sistema in espansione sono totale appannaggio dei grandi gruppi economici si traduceva in un altrettanto imprevisto sviluppo cooperativo.

Alla fine degli anni Sessanta fu inevitabile rendersi ragione di ciò e, non a caso, così com'era avvenuto nel periodo delle origini e della progressiva affermazione durante l'età liberale e prefascista, tale rinnovata consapevolezza coincise con la rinascita della riflessione sulla cooperazione come impresa. Si trattò dapprima di un'attenzione rivolta ai problemi di coordinamento intersettoriale piuttosto che al comportamento e alla natura delle unità associative, proprio perché, mentre lo sviluppo investiva singolarmente queste ultime, esse richiedevano tuttavia di veder sorretta la – loro azione attraverso una strategia sovraziendale. Ilario Bianco, ricordando la svolta teorico-pratica impressa alla cooperazione italiana dal Convegno di Montecatini del gennaio 1968, promosso dall'Associazione nazionale delle cooperative di produzione e lavoro, afferma:

---

[20] Miceli G., *Relazione introduttiva al I congresso dell'Associazione delle cooperative agricole*, Roma 1957, ora in Briganti W., *Il movimento cooperativo*, cit. p. 339.

Fino ad allora, infatti, le cooperative erano state caratterizzate da una polverizzazione aziendale che si era tradotta in un automatismo di mercato: ogni singola impresa si presentava da sola in un mercato che strutturalmente tende a gettare ai margini la piccola azienda, con scarse capacità (e quindi bassa produttività e redditività per addetto) [...]. Obiettivo di ogni impresa cooperativa, di conseguenza, era fondamentalmente la sopravvivenza e la propria espansione, ricorrendo alla mutua solidarietà di altre cooperative, senza escludere i mezzi più vari[21].

Quello che ora occorreva, per far fronte allo sviluppo delle unità cooperative, che fu impetuoso tra il 1960 e il 1970, era passare dalla "mutua solidarietà" alla "struttura consortile". Essa, da obiettivo raggiungibile e possibile, un tempo, soltanto dopo il consolidamento delle singole cooperative, diveniva ora una necessità inderogabile per far fronte ai nuovi problemi posti dalla crescita delle unità associative e dalle mutate "condizioni di presenza" sui mercati, dove la concorrenza non poteva non diventare più serrata nei confronti di questo "nuovo" soggetto economico "nuovo" per la sua accresciuta capacità espansiva).

Le condizioni per realizzare la cooperazione – ha ricordato Giuseppe Vitale – sono ben diverse da quelle che erano sufficienti al tempo dell'associazione dei braccianti del Ravennate. I pochi mezzi e la buona volontà non bastano più. Occorrono, fin dalla partenza, molti mezzi, molta specializzazione, molta capacità di presenza sui mercati nazionali e internazionali, e quindi un'iniziale capacità contrattuale senza la quale si è votati al fallimento[22].

Tutto ciò non poteva e non può che stimolare un rinnovato interesse per la riflessione sulla cooperazione come impresa, come soggetto economico, sì specifico, ma costretto, per la sua stessa natura, quando raggiunge determinati livelli dimensionali, a misurarsi con i problemi dell'efficienza e della redditi-

---

[21] Bianco I., *Il movimento cooperativo italiano. Storia e ruolo nell'economia nazionale*, Milano 1975, pp. 135-136.

[22] Vitale G., *L'integrazione nei consorzi*, in AA.VV., *L'autogestione in Italia. Realtà e funzione della cooperazione*, Bari 1975, p. 80.

vità. Tutto il problema teorico consisterà, dunque, nell'analisi del suo comportamento, presupponendo come acquisiti i vincoli posti a quest'ultimo dalla concorrenza presente sui mercati e dal sistema legislativo che, può anche condizionarne lo sviluppo.

Da questo punto di vista, se "la cooperativa è un'associazione di persone che opera con capitale nominale quasi simbolico e capitali operativi più ampi, elastici e delimitati principalmente dalla difficoltà di utilizzarne una quota più ampia dell'accumulazione sociale" e se questi ultimi sono alimentati in primo luogo dall'autofinanziamento, distinto, seguendo i modelli contabili dell'impresa *tout court*, in ammortamenti e profitti.

> Questa [...] è una condizione assoluta non soltanto tendenziale [...] [perché] la partecipazione al mercato [...] rappresenta sempre la capitalizzazione della rendita come alternativa dell'esclusivo impegno produttivo. L'acquisizione di capitale attraverso il credito – ha ricordato Stefanelli – introduce anch'essa in una situazione di rendite-profitti operante[23].

Questo non è che uno dei possibili procedimenti concettuali da esaminare per introdurre il modello della cooperazione come impresa, in quanto sottosistema di quello della cooperazione come soggetto economico operante sui mercati, evitando, in tal modo, che il primo si riduca a una nuova riproposizione dell'autosufficienza cooperativa, nella quale i vincoli che si presentano all'impresa sono tutti interni al suo evolversi (maggiore efficienza produttiva, riduzione dei costi di approvvigionamento ecc.), piuttosto che strettamente collegati a quelli esistenti sui mercati.

Un altro procedimento può essere quello fondato sull'analisi del rapporto salario-produttività e del rispetto all'interno della cooperativa delle conquiste salariali e normative ottenute

---

[23] Stefanelli R., *Un'interpretazione*, in AA.VV., *L'autogestione in Italia...*, cit., pp. 12-13.

dai lavoratori con le lotte sul mercato della forza-lavoro e della partecipazione politica. Tutto ciò non può non avere come conseguenza l'assunzione a criterio di giudizio del fatto che

> l'impresa cooperativa autogestita non deve [...] essere sottratta, concettualmente e praticamente, alle contraddizioni che l'attraversano, [perché] è una *sezione* del processo produttivo sociale ma, a differenza dell'impresa capitalistica, proprietà e lavoro vi coincidono nel suo ambito. *Società di persone*, l'impresa autogestita, *se è gestita come tale*, unifica i movimenti della lotta economica e della lotta sociale[24].

E non v'è dubbio che diverse, all'interno dello stesso movimento cooperativo, possono essere le vie che si scelgono per superare tali contraddizioni. Infatti mentre è ormai assodato che "esaminando i bilanci di grandi cooperative ci si rende conto che i problemi di gestione che esse incontrano sono ormai simili a quelli delle grandi imprese", è pur vero che i diversi movimenti cooperativi possono elaborare strategie strutturalmente divergenti per quanto concerne il comportamento nei mercati, primo fra tutti quello di credito.

Questa verificata "contraddittorietà" dell'agire e dello sviluppo della cooperazione in questi ultimi anni non poteva non rendere sempre più inderogabile la necessità, che già abbiamo ricordato, di lavorare per l'elaborazione di un nuovo status teorico della cooperazione come impresa. Affermata la sua natura di soggetto economico operante sui mercati e, in quanto tale, costretto a fondare la razionalità del suo comportamento sul superamento dei vincoli che sovradeterminano tali mercati (efficienza, concorrenzialità ecc.), il problema diveniva quello di conservare tutta la "specificità" della cooperazione in un potenziamento delle risorse necessarie al suo sviluppo.

È significativo che, a differenza di quanto accade nel periodo prefascista, questo compito teorico sia stato assolto in primo luogo dagli stessi quadri dirigenti della cooperazione italiana, a

---

[24] Ivi, p. 15.

riprova che mai come in questo momento le esigenze di gestione di un organismo in rapida crescita hanno imposto una ripresa del dibattito teorico. E i primi a risentire di simili esigenze non potevano non essere i soggetti sociali più direttamente investiti di tali responsabilità.

Se la cooperazione come unità produttiva sorge con lo scopo di valorizzare le capacità di lavoro e di iniziativa dei soci e di soddisfarne i bisogni. Al riguardo Vincenzo Galetti afferma:

> Nel proseguire tale obiettivo essa non può mirare a un massimo di efficienza, mediante il quale può ottenersi la creazione di un sovrappiù, e dunque – anche se il termine in questo caso è alquanto improprio di un profitto[25].

Ma è proprio partendo dall'assunzione consapevole della formazione di tale sovrappiù e della necessità della massima efficienza che occorre ora definire la cooperazione. Far questo è operazione teorica ben differente da quella perseguita in passato, quando i fondamenti della cooperazione come impresa erano individuati nella capacità di lavoro e d'iniziativa e nei bisogni dei soci, in un intreccio di resistenza al dominio dell'ambiente capitalistico, o di perseguimento solidaristico di tali bisogni e di autogestione del lavoro e dell'iniziativa.

Questi elementi spiegano il sorgere dell'organizzazione cooperativa e il suo "stabilizzarsi" come soggetto economico caratterizzato dalle modeste dimensioni (si ricordino le osservazioni di Rabbeno), ma non sono sufficienti per spiegarne lo sviluppo e la crescita se non in *negativo*, ovvero come presupposti che possono entrare in contrasto con i postulati dell'efficienza imposti dal progredire delle unità associative, così come avevano già intravisto Riguzzi e Porcari.

Ecco la nuova dimensione teorica che ora si apre dinanzi agli studiosi del movimento cooperativo: ripristinare l'equilibrio tra

---

[25] Galletti V., *Cooperazione: partecipazione e riforme*, Bologna 1977, p. 33.

i connotati originari, che continuano a essere presenti, e i nuovi vincoli imposti dall'azione nei mercati e dalla crescita dimensionale. Coloro che più approfonditamente hanno affrontato tale arduo problema – direttamente o promuovendo ricerche in proposito – sono stati, per un breve periodo, i dirigenti della Lega.

> Il carattere basilare, la peculiarità che distingue da ogni altra l'impresa cooperativa […] – affermava per esempio Vincenzo Galetti – [è] un vero e proprio rovesciamento del rapporto tra bisogni e profitto, rispetto all'impresa capitalistica. Quel che in quest'ultima è il fine primario, nella cooperativa è soltanto una condizione o un vincolo, una misura di efficienza; quel che viceversa si presenta come vincolo imposto dall'esterno all'impresa privata (occupazione, valorizzazione del lavoro, bisogni comuni), per la cooperativa è obiettivo originario e fondante[26].

Se nell'impresa capitalistica è l'ambiente, caratterizzato dalla presenza e dalla forza contrattuale – nel mercato politico e nelle relazioni industriali – del movimento operaio, che determina i vincoli "sociali" al suo operare, in quella cooperativa l'ambiente si costituisce come mercati dei capitali, dei beni e dei prodotti determinanti i vincoli "comportamentistici" della "massima efficienza" e del "profitto", mentre i valori occupazionali e il soddisfacimento dei bisogni dei soci si presuppongono come fondamenti della specifica azione diretta sia all'adempimento di tali valori, sia alla determinazione delle strategie che è necessario assumere per rispettare i comportamenti imposti dal mercato.

Da questa acquisizione teorica non può non discendere un ripensamento sullo stesso ruolo del mercato e dell'azione dei pubblici poteri, ripensamento che ha al suo centro l'obiettivo di creare condizioni sempre più favorevoli allo sviluppo delle unità cooperative, allargando, cioè, gli spazi interstiziali sino a concepire la caduta delle "barriere all'entrata" frapposte ai nuovi

---

[26] Zan S., *La cooperazione in Italia: strutture, strategie e sviluppo della Lega nazionale cooperative e mutue*, Bari 1977, p. 36.

soggetti economici delle grandi unità produttive come "una prima espressione – è detto nelle Tesi del XX congresso del 1977 della Lega nazionale delle cooperative e mutue – del pluralismo democratico sul terreno economico, mantenendo nel contempo un pieno e costante rigore all'impiego delle risorse".

Quanto sia difficile far ciò è ben presente a tutti coloro che riconoscono nelle concentrazioni oligopolistiche e nell'intreccio tra il processo di lottizzazione delle risorse e la crescita istituzionale degli interessi "spartitori" della classe politica uno dei fondamentali problemi della democrazia e della sua stessa sopravvivenza nelle moderne società industriali, e in particolar modo in quella italiana. È indubbio, in ogni caso, che, consapevole di questa sua specificità imprenditoriale, il movimento cooperativo

può svolgere – si dice nelle stesse tesi – nei confronti del mercato (e svolge di fatto nei limiti delle sue forze) un ruolo di apertura, in quanto consente di inserirvi forze altrimenti emarginate; di allargamento, in quanto consente a tali forze di agire in modo da promuovere l'impiego di nuove risorse; di trasformazione, in quanto contribuisce a introdurre nel mercato nuove esigenze e nuovi modi di soddisfarle[27].

V'è chi ha intravisto, in questo ruolo effettivamente svolto dalla cooperazione, l'occasione per abbinare il comportamento delle unità cooperative non più, o non soltanto, a quello delle piccole e medie imprese, quanto, piuttosto, a quello dell'"economia sommersa" o "spontanea". Lo sviluppo di questo coacervo di unità economiche è fondato su una grande elasticità e ingovernabilità istituzionale dei fattori produttivi, cosicché a esse (artigianato, piccole aziende, lavoro a domicilio ecc.) è reso possibile superare crisi congiunturali e strutturali ed evadere obblighi che, invece, gravano sulle maggiormente "visibili" e governabili grandi unità produttive.

[27] Bonfante G., *Il Movimento cooperativo in Italia: storia e problemi*, Torino 1981, p. 278.

Quest'ipotesi può risultare affascinante soprattutto per gli avversari della cooperazione – sempre meno identificabili, per la verità – in quanto ripropone (con le modificazioni concettuali dettate dal tempo storico e dallo sviluppo della teoria), l'ipotesi della cooperativa come unità economica "spuria" o di "deteriore natura" dimenticando, i fautori di questa ipotesi, che i vincoli e i controlli che sovradeterminano l'attività cooperativa, fanno sì che quest'ultima non sia assimilabile all'economia "sommersa".

Lo stesso fenomeno dell'"autosfruttamento" dei soci operanti in condizioni di assenza di tutela sindacale è, del resto, un fenomeno ormai superato e le cause del quale sono, inoltre, affatto diverse da quelle dell'evasione del "sistema di garanzie" che caratterizza l'economia "sommersa". Più interessante, e pertinente al discorso iniziato in questa sede, è tentare di elaborare uno schema concettuale grazie al quale (si ricordi la definizione proposta da Galetti), sia possibile comprendere le cause della crescita delle cooperative studiandone l'interna struttura.

Non si possono non utilizzare, a questo proposito, modelli conoscitivi proposti anche in forma ancora appena abbozzata e non sistematizzata, ma che già consentono, a parer nostro, di compiere alcuni importanti passi avanti. Paolo Leon ha sottolineato, come ho già ricordato, che l'impresa cooperativa si differenzia da quella capitalistica per la presenza al suo interno di una funzione (che si affianca a quelle della produzione e del controllo di gestione), ancora non strutturata organicamente, che presiede allo sviluppo dell'occupazione. Nell'impresa capitalistica invece, al controllo di gestione, che ha come obiettivo l'efficienza del sistema, ovvero la minimizzazione dei costi per un dato volume di produzione, si affianca soltanto la funzione produttiva vera e propria, che ha come obiettivo la massimizzazione del volume di produzione, per un dato livello di costi.

Questa struttura dicotomica garantisce la massimizzazione del profitto quando le due funzioni sono in equilibrio, ma, di fatto, la vicenda quotidiana delle imprese è contrassegnata da una continua alternanza tra la prevalenza del controllo di gestione e della funzione produttiva, tra innovazioni che minimizzano i costi e non aumentano la capacità produttiva e tra innovazioni che aumentano quest'ultima e non riducono i costi.

Questa alternanza, tuttavia, secondo Leon, si è via via stabilizzata sul versante della prevalenza del controllo di gestione:

> L'obiettivo di massimizzare la produzione traeva crescente difficoltà a esprimersi proprio perché incentivi, cottimi, spostamenti, carriere, controlli, perfino ricorso a tecnologie di tipo particolare [...] trovano difficoltà a esprimersi per il crescente potere del sindacato [...] [e] rispetto all'obiettivo della massimizzazione della produzione prevale il vincolo, i costi; prevale per il potere della funzione di efficienza rispetto a quella di efficacia[28].

Di qui il restringimento della base produttiva e dell'occupazione, vista l'incapacità dell'imprenditorialità italiana di rispondere all'offensiva del movimento operaio attraverso innovazioni produttive e un sistema organizzativo che non s'inceppi dinanzi alla forza del sindacato. Dalla constatazione empirica che in presenza della stessa rigidità, assunta come irreversibile dal movimento cooperativo, (che ha definitivamente abbandonato, come ricordavamo, la pratica dell'"autosfruttamento" dei soci), la cooperazione come impresa si sviluppa anziché entrare in crisi, è possibile dedurre che "la tendenza implicita ad accrescere l'occupazione nella cooperativa – ha affermato Galetti – non è indebolita dalla rigidità del lavoro, anzi se esiste una funzione specifica o un *modus operandi* proprio, o una natura specifica della cooperazione volta alla massimizzazione dell'occupazione, quanto più è rigida l'utilizzazione della forza-lavoro, tanto più l'impresa cooperativa deve aumentare l'occupazione". Cosicché mentre l'impresa capitalistica cerca di minimizzare i costi, l'im-

---

[28] Leon P., *Riflessioni sul comportamento economico dell'impresa cooperativa*, in *Atti del convegno sull'impresa cooperativa e sul sistema produttivo*, mimeo, 1976, pp. 70-71.

presa cooperativa tende alla massimizzazione del saggio di profitto salvaguardando e ampliando l'occupazione.

Non v'è dubbio che questa proposta è più un'indicazione di lavoro che una compiuta teoria dello sviluppo economico delle unità cooperative. Per cercare di raggiungere questo obiettivo conoscitivo occorrerebbe definire più precisamente le caratteristiche della "funzione occupazionale" e, contemporaneamente, dimostrare che lo sviluppo e il rafforzamento di quest'ultima (che è la "forza anticrisi" della cooperazione) aumentando il potere di contrattazione della cooperazione sui mercati. Ma far questo non è possibile, a nostro parere, senza affrontare due grandi questioni storico-sociologiche che presiedono alla formazione del modello concettuale che stiamo cercando di elaborare: le caratteristiche dello sviluppo della cooperazione come impresa e dei sistemi organizzativi della sua gestione.

Lo sviluppo della cooperazione come impresa

La cooperativa di produzione è nata, per lo più, non per principio cooperativistico, ma per dare lavoro a operai disoccupati o vittime di scioperi, oppure per l'illusione, quasi sempre finita con dolorosissimi insuccessi, di poter affrontare la potente organizzazione industriale capitalistica con miseri mezzi, e sia pure, col più lodevole idealismo[29].

Le parole di Valentino Pittoni ben sintetizzano caratteri salienti della cooperazione operaia e bracciantile, così come essi si presentano, dalle origini agli anni Venti – all'inizio dei quali il deputato socialista formulava il giudizio sopra riportato – e dal postfascismo ai giorni nostri. La struttura dell'agire sociale che determina la formazione dell'associazione cooperativa da parte del proletariato industriale e agricolo può essere descritta soltanto individuando le precise variabili che la determinano.

---

[29] Pittoni V., *La cooperazione di produzione*, "La cooperazione italiana", 27 febbraio 1922.

Una di queste può essere identificata nell'accumulazione del capitale sociale durante il lavoro alle dipendenze dell'impresa capitalistica da parte di coloro che diverranno soci della cooperativa:

La società dei lavoranti in legname di Forlì – ricordava Enea Cavalieri nel 1889 sulla "Nuova Antologia di Scienze, Lettere e Arti" – è sorta nel 1877 per l'accordo di 44 soci, i quali si erano obbligati a pagare 25 centesimi alla settimana e già alla fine di quell'anno avevano 572 lire di capitale sociale. Notiamo qui di sfuggita che l'accumulare in precedenza qualche risparmio mentre pur si lavora come salariati in qualche impresa privata, è uno dei modi più comuni di formare il primo capitale della cooperativa. Talora si ama anche aggiungere ai risparmi il prodotto del lavoro festivo: così a Milano mille muratori comprarono del materiale e un'area sulla quale tutte le domeniche convenivano a erigere una casa; invece di salario ricevevano un buono che equivaleva alla quota di un'azione della società, e la costruzione rappresentava il capitale sociale[30].

Tra le condotte possibili, che hanno come obiettivo l'associazione cooperativa, questa è tra le meno rappresentative del caso italiano, perché è tipica di un'aristocrazia operaia, altamente qualificata e caratterizzata da livelli di reddito superiori alla media di quelli delle classi subalterne, un'aristocrazia che costituì, non a caso (basterà ricordare qui alcuni discorsi o indirizzi inaugurali luzzattiani) il modello ideale del cooperatore nella predicazione dei liberali-sociali.

Più diffusa, nella fase delle origini e nei periodi di crisi economica (anche nei giorni nostri), è la cooperazione che subentra, tra mite gli ex operai salariati trasformatisi in soci, alla precedente impresa in declino o in una crisi ormai irreversibile, spesso con l'aiuto iniziale di capitalisti o benestanti e dei pubblici poteri. Similmente a quella fondata su prerogative artigianali e corpora-

---

[30] Cavalieri E., *Le cooperative di produzione e lavoro nelle Romagne*, "Nuova Antologia di Scienze, Lettere e Arti", vol. XX, 1889, ora in Briganti W., *Il movimento cooperativo*, p. 102.

tive, che premettevano un notevole potere di contrattazione sui mercati dei beni (si ricordino le distinte attività "preferenziali" enunciate dal Rabbeno), anche quest'ultima variante della "realizzazione cooperativa" non può fondarsi su una sapienza artigianale e di mestiere ch'è patrimonio collettivo, attributo della forza-lavoro complessa che, nell'associazione, si sottrae al dominio monocratico del proprietario.

Diverso è il caso delle assai diffuse cooperative edili e di consumo, laddove la causa e la capacità di mantenimento e di regolazione dell'organizzazione è da ricercarsi sia nella legge del "ricorso di un costo di riproduzione" formulata dal Pantaleoni, sia nella vera e propria costituzione di un'organizzazione "reattiva", per usare la terminologia del Lorenzoni. Nel caso della cooperativa edilizia, come ricordava Cavalieri nel passo citato poc'anzi, l'unione consentiva di ottenere beni altrimenti impossibili da raggiungere con il solo sforzo individuale, sottraendosi all'imperio della proprietà e della locazione.

In quello della cooperativa di consumo la natura e la forza espansiva di tale tipo di associazione non potrebbe esser meglio descritta di quanto già fece nel 1853, a Torino, il segretario della Società degli operai, nel corso del comizio tenuto dinanzi alla folla esacerbata dai rincari dei generi alimentari:

> Nessun ministro, per quanto sia potente, può far rincarare o ribassare i prezzi delle derrate a sua volontà. Sapete perché voi, operai, pagate a più caro prezzo i viveri? Perché non avete individualmente i mezzi per comperarli a tempo e all'ingrosso. Come si può provvedere? È facile rispondere: la vostra ricchezza l'avete in voi stessi, nel vostro numero e nella forza dell'associazione; quella forza e quei mezzi coi quali già provvedete ai vostri soci quando sono ammalati. Colla associazione si forma il capitale per acquistare i generi all'ingrosso onde distribuirli ai soci a prezzi di costo[31].

---

31 Castagno G., *1854. Centenario dell'Alleanza cooperativa torinese (Storia di una cooperativa)*, Torino 1954, p. 13.

Alla forza del mercato capitalistico e alla sua anarchia ("nessun ministro, per quanto sia potente, può far abbassare o rincarare i prezzi") si opponeva l'unione dei soci che si costituiva come barriera "microsociale" contro la quale quella cieca forza s'infrangeva e veniva respinta. Di qui la nascita delle utopie dell'"autosufficienza cooperativa", delle isole felici "*à la* Gide" che si sottraevano all'imperio delle leggi capitalistiche. Ma la cooperazione degli operai e dei contadini senza terra assume le sue caratteristiche più salienti. In proposito nota Degl'Innocenti:

A partire dagli anni Ottanta [del secolo XIX], con lo sviluppo del movimento operaio e con la organizzazione degli scioperi [...] [quando] molte cooperative di lavoro e di produzione sorsero in occasione di agitazioni, comunque in relazione alla resistenza[32].

Si tratta, in questo caso, di cooperative sorte come conseguenza di un trasferimento della mobilitazione collettiva dal terreno della contrattazione a quello della realizzazione di una unità economica autogestita: si passa dalla "resistenza" allo "sviluppo". La tipologia di tali cooperative è assai varia e non può essere ristretta nel pur significativo e diffuso esperimento delle cooperative di produzione e lavoro. Anche la nascita della cooperazione di consumo, quando si libera degli attributi filantropici che la caratterizzano ai suoi inizi, è un prodotto di tale trasferimento, e nella dispersione delle tensioni che deriva dalla sua costituzione è da individuarsi l'interesse delle classi dirigenti per tali forme di agire sociale.

Ma non v'è dubbio che la cooperazione di produzione e lavoro è l'esempio più saliente di tale processo, quello che più caratterizza la vicenda cooperativa italiana. E l'organizzazione cooperativa bracciantile è certamente quella che maggiormente consente di verificare lo schema interpretativo del "trasferimento della mobilitazione politica" per comprendere lo sviluppo storico di tali unità

---

[32] Degl'Innocenti M., *Storia della cooperazione*, cit., p. 23.

cooperative. Nel 1881, discorrendo sulla "Critica sociale" di *Cooperazione e socialismo*, Leonida Bissolati affermava:

> Importa [...] per l'esatto apprezzamento delle cose, avvertire che la organizzazione cooperativa in cui principalmente si esplicò l'opera dei socialisti fu quella delle cooperative dei braccianti. Sono associazioni queste il cui intento è di assumere lavori di terra, sostituendosi alla speculazione di intraprenditori [...] Ma noi crederemmo di illuderci se credessimo di vedere in un tale movimento qualcosa più che il prodotto delle tristi condizioni in cui versa il proletariato agricolo. L'elemento, infatti, di cui si compongono codeste cooperative è dato prevalentemente dalla classe de' coloni *disobbligati o avventizi* [...]. Parve loro che costituendosi in società, essi non solo, capitando il lavoro, avrebbero potuto realizzare un po' più di guadagno, ma avrebbero anche esercitato sulle classi abbienti una pressione morale, sì da ottenere, associati, quell'offerta di lavoro che certamente non sarebbero riusciti a ottenere colla domanda individuale. Donde si vede che questo movimento cooperativo è un indice di miseria; si riduce a un conato della parte più depressa del proletariato agricolo contro la disoccupazione e l'indigenza[33].

La caratteristica saliente del processo cooperativo risiede, tuttavia, nel superamento del "conato della parte più depressa del proletariato" grazie alla cristallizzazione istituzionale dell'associazionismo in organismi destinati a consolidarsi e a costituire il più interessante esempio di passaggio dalla resistenza allo sviluppo, dalla lotta sociale alla costruzione di nuove e diverse unità economiche, e con esse, del miglioramento delle condizioni di vita delle classi subalterne. È quanto, in tutt'altra ottica e prospettiva, ha lucidamente intravisto Idomeneo Barbadoro, quando ha individuato nelle cooperative bracciantili e nelle affittanze collettive:

> I primi movimenti organici tra i moventi immediati e gli obiettivi di struttura [...] [in una strategia tesa a] generalizzare le azioni conferendo loro sbocchi più avanzati, a dare sostanza al riformismo proletario e realizzatore[34].

---

[33] Bissolati L., *Cooperazione e socialismo*, "Critica sociale", 1891, n. 1.

[34] Barbadoro L., *Storia del sindacalismo italiano dalle origini al fascismo*, vol. I, Firenze 1973, p. 334.

Tale movimento sociale, che si differenzia da tutti gli altri processi di mobilitazione politica, ha come obiettivo il superamento della disoccupazione e lo persegue sottraendosi alla mediazione del sistema contrattuale per attestarsi, invece, nella realizzazione dell'impresa cooperativa, frutto della resistenza e della mobilitazione sociale prima, della capacità di autogoverno e di gestione delle masse associate poi. Arrigo Serpieri ed Emanuele Sella, rispondendo alle domande formulate nell'inchiesta delle affittanze patrocinata nel 1906 dalla Federazione dei consorzi agrari, affermano:

> Ci pare [...] che dalle osservazioni fatte possa dedursi questo: l'azione delle affittanze collettive contro la disoccupazione, senza che siano diminuiti i salari giornalieri e indipendentemente dalla situazione anormale e probabilmente transitoria creatasi in talune regioni in seguito alle agitazioni agrarie, avrà probabilità di riuscita specialmente quando chi le dirige sappia dimostrarsi più abile di quel che fossero i conduttori privati nello spingere l'impiego del lavoro umano mediante migliori provvedimenti della tecnica moderna al massimo consentito dalla convenienza economica e quando i soci lavoratori esplichino la massima alacrità e diligenza nell'esecuzione dei lavori loro consegnati[35].

Questo processo di trasformazione del bracciante da lavoratore dipendente a "imprenditore collettivo di se stesso" è assai travagliato. Occorre tuttavia sottolineare che quella "probabilità di riuscita" auspicata dal Serpieri e dal Sella settant'anni fa si è ora trasformata in consolidata pratica di amministrazione e di gestione, nel contesto di quell'inscindibile intreccio tra resistenza e superamento della disoccupazione, grazie all'attività realizzatrice che caratterizza la storia di queste unità associative. Resistenza e cooperazione possono dunque operare fianco a fianco, e non soltanto configurarsi come conseguenza l'una dell'altra.

---

35 Serpieri A., Sella E., *Federazione italiana dei consorzi agrari. Inchiesta sulle affittanze collettive in Italia*, Piacenza 1906.

La Cab (Cooperativa agricola braccianti) – si è affermato in un saggio di G. Brighi sulla odierna cooperazione bracciantile nel Ravennate – collabora con l'ufficio di collocamento per programmare le proprie richieste di manodopera, in modo che si possa far coincidere l'utilizzazione della forza-lavoro disponibile con le variabili richieste stagionali della produzione agricola operando in modo tale nell'interesse dei braccianti e della Cab. Quando vi sono agitazioni sindacali promosse dalla Lega, la Cab collabora alla loro riuscita organizzando il lavoro nelle proprie aziende in modo che i lavoratori-soci partecipino attivamente alle lotte [...]. Infine l'esperienza di autogestione della Cab, la fiducia nelle proprie capacità imprenditoriali, fa maturare la coscienza del lavoratore come produttore e rende, per i lavoratori, concreta l'ipotesi di una alternativa come dipendenti subordinati[36].

In questo intreccio di elevazione delle condizioni di vita delle classi subalterne e di creazione di nuove unità economiche autogestite risiede la peculiarità dello sviluppo della cooperazione come impresa. Essa, mentre disperde tensioni sociali trasferendole dalla "resistenza" alla "realizzazione", non interrompe un processo di rappresentanza degli interessi che è l'altro dato peculiare della vicenda cooperativa senza comprendere il quale non si riesce a individuarne i motivi di sviluppo e di crescita. E non si giunge neppure a cogliere le basi oggettive e strutturali della differenziazione associativa, che non può tutta essere risolta nella pura e semplice dipendenza partitica, giungendo fino ad attribuire al sistema politico capacità generative di unità economiche il cui processo di formazione è assai complesso.

Non è casuale, del resto, che la cooperazione rappresentante gli interessi delle classi operaia e contadina senza terra si collochi e nasca come segmento del più generale sistema organizzativo delle forze politiche del movimento operaio italiano. Nella sostanza, la stessa progressiva storica perdita di autorità e di in-

---

[36] Brighi G., *Cooperazione e democrazia: l'esperienza della cooperazione agricola bracciantile del ravennate*, in Guaraldo G., *Cooperazione, democrazia, lotta contadina. Materiali per una discussione sulla democrazia nelle cooperative e nelle società*, Torino 1976, p. 253.

fluenza nella Lega nazionale delle cooperative dei fautori della "apoliticità" della cooperazione, a vantaggio dei sostenitori della sua dipendenza dall'"universo" socialista, non è che il progressivo manifestarsi dell'inderogabilità di una più chiara identificazione degli interessi rappresentati. O più esattamente: una più chiara identificazione del rapporto stabilitosi tra la rappresentanza degli interessi realizzata dalla nascita delle cooperative e i partiti che ne interpretavano le esigenze e ne influenzavano, agendo nel sistema politico, la sorte e lo sviluppo.

Tipico esempio di ciò è l'ordine del giorno approvato il 9 febbraio 1920 dal consiglio generale della Lega su proposta di Angiolo Cabrini che illustra la necessità di dar vita alla "triplice" alleanza tra la stessa Lega, il partito socialista e la Confederazione generale del lavoro. Le implicazioni di questo documento saranno distesamente discusse più avanti, ma esso va qui ricordato per il valore emblematico che assume nell'ambito della discussione sulla cooperazione come rappresentanza degli interessi delle classi proletarie. Infatti esso consente di comprendere immediatamente il significato della formula usata per identificare questo particolare tipo di cooperazione: "dalla resistenza allo sviluppo". Nell'ordine del giorno Cabrin si affermava infatti:

> Constatando che in Italia il movimento politico organizzato per quella socializzazione dei mezzi di produzione e di scambio in cui il congresso cooperativo del 1918 ravvisava la finalità della cooperazione è solo il movimento che fa capo al partito socialista italiano alleato alla Confederazione italiana del lavoro; considerando che anche nelle recenti elezioni generali politiche, solo tale movimento ha lottato contro la massa degli esercenti, dei negozianti, degli industriali e degli agrari e cioè contro i ceti sociali che la cooperazione tende a eliminare; ritenendo che le istituzioni cooperative debbono stringersi sempre più al movimento della resistenza, sia per intensificare lo sforzo proletario di liberazione dagli ordinamenti della società borghese, sia per guadagnarsi la fiducia proletaria che neutralizzi i meccanismi di consumo, di produzione, di lavoro, di scambio e di credito nella

gestione controllata e socializzata, autorizza il consiglio generale della Lega a prendere accordi con la Confederazione generale del lavoro e col Partito socialista italiano[37].

Non v'è dubbio che questo documento è storicamente determinato, ovvero in esso si riflette la crescita del movimento operaio avvenuta nell'immediato primo dopoguerra, sull'onda della ripresa della lotta di classe e del mito della rivoluzione russa, cosicché pareva ormai ineludibile la presa del potere da parte delle forze socialiste. Tuttavia esso, come dicevamo, rappresenta il punto finale di una linea di tendenza che s'era già chiaramente espressa sin dal 1903, in occasione della votazione della mozione Murialdi, diretta a garantire una sorta di regolazione dei rapporti esistenti tra cooperazione e resistenza. Se tale mozione per la sua "impronta socialista" era destinata a suscitare "tutta una serie di polemiche interne alla Lega che dovevano portare a una graduale rettifica dei deliberati congressuali [...] [per non pregiudicare] l'autonomia delle società federate" non poteva, però, non configurarsi anche come una prima manifestazione di quel "processo di integrazione tra resistenza e cooperazione già in atto – afferma Degl'Innocenti – nelle zone dove era più forte l'influenza dei socialisti[38]".

Processo che altro non era che la manifestazione dell'intreccio della rappresentanza degli interessi proletari e del trasferimento delle domande politiche e sindacali di essi, in generale, al sistema politico, e in particolare, a quello socialista, nel contesto di un agire sociale realizzatore e immediatamente risolutivo, diretto alla creazione appunto di unità cooperative.

Applicando questo modello concettuale possiamo comprendere storicamente quel fenomeno tanto interessante che s'è chiamato "autosfruttamento cooperativo", e che soltanto negli ultimi anni del secondo dopoguerra può essere assimilato a una delle

[37] Riguzzi B., Porcari G., *La cooperazione operaia*, cit., pp. 19-21.
[38] Degl'Innocenti M., *Storia della cooperazione*, cit., pp. 173-174.

numerose disfunzioni organizzative che caratterizzano il movimento cooperativo impegnato nella sua ricostruzione.

Per un lungo periodo, infatti, esso non fu insipienza delle masse prone ai voleri dei dirigenti, ma consapevolezza di queste di dover rinunciare a benefici immediati in vista di benefici futuri, che si concretizzavano nello sforzo di mantenere in vita la struttura associativa che ne rappresentava e ne soddisfaceva gli interessi più elementari.

> Nel marzo 1922 – affermava M. Franceschelli –, dovendo fronteggiare la crisi economica e politica, ecco come si comportavano alcune cooperative [...]. A Mirandola [ad esempio] i soci della cooperativa agricola deliberavano all'unanimità una trattenuta del 25% sui salari a favore della loro società e di lavorare senza compenso mezz'ora di più al giorno [...]. O può citarsi [ancora] la piccola cooperativa di consumo di Sassoni di Marzabotto, piccolo centro in mezzo ai monti, che raggruppava 45 famiglie su 60 dell'intero paese, nella quale tutti i soci lavoravano gratuitamente per le esigenze dell'attività della società, e, allorché questa fu sfrattata, decisero di costruire, e costruirono, esclusivamente col proprio lavoro, una propria sede in un edificio di tre piani[39].

Proprio perché il configurarsi del fenomeno cooperativo come rappresentanza degli interessi non poteva non saldarsi strettamente con il carattere "reattivo" della stessa cooperazione, la predominanza politica socialista ne diveniva il naturale corollario, così come è ben esplicitato nell'ordine del giorno Cabrini, che sottolinea come "solo tale movimento [CGIL e PSI] ha lottato contro la massa degli esercenti, dei negozianti, degli industriali e degli operai". Tutto l'ordine del giorno Cabrini costituisce del resto una delle fonti principali che consentono d'intravedere le concrete vicende storiche di tale intreccio tra interessi rappresentati e lotta politica propugnata per vincere le resistenze dei ceti che se ne sentivano minacciati.

---

[39] Franceschelli M., *L'assalto del fascismo alla cooperazione italiana*, Roma 1949, pp. 16-17.

Un intreccio, peraltro, ch'è sempre stato ben presente ai cooperatori più consapevoli. Scriveva infatti nel 1949 Mario Franceschelli riflettendo sulle cause che avevano provocato l'offensiva fascista:

> Prima di tutto la cooperazione italiana feriva sotto due aspetti principali gli interessi degli agrari e degli industriali, e precisamente: con la sua efficace azione calmieratrice e antispeculativa, e con l'altrettanto efficace opera di sostegno delle più giuste rivendicazioni e delle lotte delle classi lavoratrici, delle quali la cooperazione stessa è espressione[40].

La rottura delle barriere all'entrata sui mercati dei beni e dei prodotti che la cooperazione aveva ottenuto non poteva non provocare le reazioni degli interessi minacciati. Esse non furono e non sono, tuttavia, comprensibili analizzando soltanto le variazioni dei mercati economici. L'unità di trasferimento delle tensioni e di rappresentanza degli interessi subalterni che si realizza nella cooperazione, configurandosi nel passaggio degli associati dalla resistenza allo sviluppo imprenditoriale, non produce soltanto alterazioni nel comportamento economico dei soggetti già operanti sui mercati nei quali la cooperazione viene a collocarsi, intaccando monopoli preesistenti: la rottura di tali barriere, infatti, è sempre anche un coinvolgimento o un'alterazione del sistema e del mercato politico.

Come abbiamo visto, resistenza e cooperazione, partiti operai e cooperazione, fanno parte di un unico sistema di rappresentanza degli interessi. Essi, manifestando la loro forza in diversi settori dell'agire sociale – le relazioni industriali, il sistema politico, i mercati economici – provocano il manifestarsi, in tutti tali settori, di reazioni avverse dei rappresentanti degli interessi minacciati.

Tipico esempio di ciò, come abbiamo ricordato, fu l'offensiva fascista contro le cooperative. E ancor più esemplare verifica di

---

[40] Ivi, p. 93.

questo assunto è l'esame dei rapporti tra sistema dei partiti della sinistra e cooperazione quando ancora era prevalente l'ideologia della "cinghia di trasmissione" tra partiti e "organizzazioni di massa".

L'azione della cooperazione si è affermata [...] nel quadro generale di una situazione politica di cui noi dobbiamo essere coscienti per non farci illusioni su certe possibilità [...] future [...]. Queste conquiste sono [...] da considerarsi consolidate, garantite, soltanto nella misura in cui progredisce e si rafforza la lotta che le masse popolari conducono oggi nel nostro paese, per la democrazia e per la pace. Noi – affermava Agostino Novella al II convegno di Roma dei cooperatori comunisti del 1949 – non potremo mai avere la speranza di un'affermazione di una qualsiasi iniziativa economica veramente democratica, mutualistica della cooperazione, per abilmente condotta che sia, se nel nostro paese non continua a svilupparsi la resistenza delle masse popolari all'offensiva economica e politica che il governo conduce, se non si sviluppa la capacità di controffensiva delle masse operaie per la difesa di tutte le loro conquiste politiche, economiche, sociali e sindacali che sono state realizzate negli ultimi anni[41].

Non v'è dubbio che a tale predominanza politica s'è ora sostituito un rapporto che pare assai simile a quello che si realizzò tra cooperazione e PSI allorquando nelle file della prima, pur sempre collegata al movimento socialista, si manifestò, sull'onda della tendenza verso il "partito del lavoro", la propensione alla creazione di quello che Degl'Innocenti ha chiamato il "partito della cooperazione".

E le condizioni "materiali" di tale rapporto sono assai simili – se esiste "somiglianza" nello sviluppo – a quelle che si manifestarono nel prefascismo: forza della cooperazione e sua grande crescita, forza dei partiti operai che parevano essere sulla soglia del governo del paese.

---

[41] Novella A., *La posizione dei comunisti*, in *Il convegno dei cooperatori comunisti*, Roma 1949; e in Briganti W., *Il movimento cooperativo*, p. 213.

Nella gelosa e attenta salvaguardia dell'autonomia organizzativa e decisionale della cooperazione, tali rapporti [con i partiti] devono tendere a rafforzare la maturazione politico-ideale del movimento; a diffondere tra le forze politiche e le istituzioni una maggiore considerazione per i fenomeni associativi, a consentire alle imprese e ai consorzi cooperativi una presenza da interlocutori non subordinati all'interno della realtà economica e del mercato, a favorire infine l'inserimento della cooperazione nel tessuto organizzativo della democrazia[42].

Così si afferma nelle tesi per il XXX congresso della Lega e se l'appello è ora rivolto a tutte le forze politiche – grazie a quel mutamento compiutosi nei rapporti tra cooperazione e sistema politico in questi ultimi anni e che analizzeremo in seguito – la salvaguardia dell'autonomia della cooperazione non oscura, nelle tanto mutate condizioni politiche e sociali, l'impegno di quest'ultima di continuare a rappresentare – come abbiamo visto nel caso delle cooperative bracciantili del ravennate, ma gli esempi possono essere molteplici – gli interessi delle classi subalterne.

La stessa "apertura" dimostrata dalla cooperazione raccolta nella Lega nazionale delle cooperative e mutue nei confronti di tal uni settori delle classi medie, altro non è che un "allargamento" dell'originaria rappresentanza degli interessi verso i ceti ai margini del mercato.

L'evoluzione economica tende talora a respingere ai limiti del mercato [...] [per] raccogliere, valorizzare e razionalizzare le loro capacità professionali e di iniziativa, sottraendoli alla dispersione individualistica e alle spinte corporative e fornendo loro uno strumento valido per inserirsi autonomamente e con spirito innovativo nel sistema produttivo[43].

La rappresentanza degli interessi di questi ultimi strati sociali (borghesia e piccola borghesia, agraria e urbana) si è tuttavia sto-

---

[42] Lega nazionale delle cooperative e mutue, *Tesi e documenti per il XXX congresso della Lega nazionale delle cooperative e mutue*, Milano 1977.
[43] Ibidem.

ricamente configurata come elemento di divisione dell'universo cooperativo. Mentre si manifestava nella società civile un potere situazionale differenziato di tali classi rispetto alla negazione di potere delle classi proletarie, nel sistema generale di rappresentanza degli interessi si evidenziava una contrapposizione di strategie associative e di logiche di pressione nei confronti del sistema politico. In questo senso alla differenza tra cooperazione "reattiva" e cooperazione "integrativa", si può abbinare quella tra cooperazione come passaggio dalla "resistenza e sviluppo" e cooperazione come passaggio dalla "conservazione all'adattamento". In quest'ultimo caso il trasferimento delle tensioni non interessa più il contesto del conflitto sociale, quanto invece quello dell'azione economica dei settori meno "forti" delle classi dominanti, degli strati sociali identificabili nelle varie categorie piccolo-borghesi. La cooperazione s'identificherà in tal modo, all'inizio, nella conservazione d'un potere situazionale minacciato dalla concentrazione monopolistica, per svilupparsi poi come strategia di adattamento di tale potere di fatto nei confronti della stessa concentrazione.

Cosicché quest'ultima si troverà a operare in un ambiente nel quale altri soggetti economici, grazie alla loro "integrazione", tenteranno di limitare i danni che a essi derivano dall'azione monopolistica dominante, imitandone il comportamento (di qui "l'adattamento") senza che, tuttavia, ciò significhi automaticamente possibilità di autonomo sviluppo o di assestamento di condizioni di equilibrio, ma, invece, molto spesso, condizione di subordinazione.

Una verifica empirica di questo nostro modello interpretativo può essere individuata nell'acuto saggio di Angelo Ventura sulla Federconsorzi dall'età liberale al fascismo, uno dei pochissimi lavori storiografici nei quali l'attenzione per i problemi dello sviluppo economico si unisce all'esame della rappresentanza degli interessi. In esso l'autore giunge alla conclusione che l'esperienza della Federconsorzi sta a dimostrare questa tesi.

Una massiccia partecipazione col movimento cooperativo del capitalismo agrario e anche di non poche aziende contadine di dimensioni relativamente modeste, una maggiore coscienza e capacità organizzativa e imprenditoriale dell'agricoltura più progredita del centro-nord (esclusi forse soltanto fasce di grande proprietà fondiaria e i settori più arretrati della piccola azienda contadina), mentre a questo grande moto di rinnovamento resta quasi totalmente estranea la grande proprietà fondiaria latifondista, che soffoca anche, con la sua stessa presenza, lo sviluppo di iniziative ammodernatrici promosse da pochi agricoltori illuminati[44].

L'elemento strutturale che determinò tale sviluppo associativo fu l'esigenza di sottrarre gli agricoltori alla speculazione e all'arbitrio dei produttori e dei commercianti di concimi, antiparassitari e macchine agricole, creando un polo alternativo associazionistico. Quest'ultimo, operando anch'esso in condizioni monopolistiche su un'area del mercato, doveva limitare i danni che ai suoi associati sarebbero derivati dal predominio incontrastato di organismi quali la Montecatini, forti di una rete di vendita e di protezioni statali ben più potenti di quelle appannaggio di ogni altro produttore.

In questo senso la vicenda cooperativa dei consorzi agrari, se è contrassegnata dal passaggio dalla "conservazione" di posizioni economiche proprietarie minacciate dalla concentrazione finanziaria, all'"adattamento" di queste nel nuovo sistema dei mercati creatosi con il rafforzarsi degli interessi industriali e bancari rappresenta una storia ideale.

Rappresenta – scrive Ventura – la storia esemplare di come l'agricoltura capitalistica italiana combatté a lungo con vigore [con l'associazionismo cooperativo] e alla fine perse la sua battaglia, sopraffatta nel periodo fascista dalla superiore potenza dei gruppi industriali e bancari.

---

44 Ventura A., *La Federconsorzi dall'età liberale al fascismo: ascesa e capitolazione della borghesia agraria 1892-1932*, "Quaderni storici", settembre-dicembre 1977, pp. 690, 720.

Cosicché, con la creazione nel 1932 dell'Ente finanziario per i consorzi agrari, sottoposto alla stretta tutela del ministero dell'agricoltura e degli istituti di credito e sottratto al controllo dei consorzi, la Federconsorzi, organizzazione cooperativa agraria, veniva spogliata del suo ruolo originario di centro di aggregazione e di rappresentanza del capitalismo agrario avanzato, operante principalmente sul terreno economico mediante gli acquisti collettivi e l'assicurazione d'una base finanziaria autonoma per tutelare l'agricoltura nei confronti dell'industria e del commercio, – e si trasformava in organismo rivolto – ad attività che non potevano entrare in collisione con gli interessi industriali, e costituivano per le banche un lucroso e sicuro campo d'azione: le rendite collettive e gli ammassi dei prodotti agricoli[45].

Un'altra strategia per verificare l'ipotesi della cooperazione come impresa, grazie alla quale si realizza il passaggio dalla "conservazione" all'"adattamento", può essere praticata analizzando quelle situazioni economiche cooperative caratterizzate dall'agire sociale della piccola proprietà, concentrando i propri strumenti di ricerca sullo studio dei mutamenti della leadership di codeste associazioni.

Tipico esempio di ciò è la vicenda delle cantine sociali, un esempio non soltanto di "solidarietà difficile", ma anche di mutamento sociale nel governo di queste istituzioni che è una sorta di riflesso della trasformazione delle posizioni di potere nelle campagne. Nate come unione di piccoli produttori per realizzare migliori condizioni di commercializzazione del prodotto, esse hanno via via perduto i loro originari connotati di istituti nei quali si esplicitavano le capacità di gestione dei piccoli produttori per riflettere "la stratificazione tipica delle comunità agricole". Al riguardo è interessante quanto scrive Carlo Marletti in una importante ricerca sulle cantine sociali piemontesi condotta nel 1967.

Sono scarsamente rappresentati i ceti più tradizionali, che sino a un quarto di secolo addietro formavano ancora l'ossatura dei gruppi di élite nelle campagne: commercianti, proprietari terrieri, benestanti,

---

insegnanti elementari, sacerdoti, ex militari. La composizione dei consigli d'amministrazione delle cantine cooperative riflette il mutamento sociale verificatosi nelle campagne. Le élite contadine sono in crisi; la comunità contadina ha perduto il proprio carattere di chiusura, di mondo racchiuso in se stesso, senza peraltro acquistare una fisionomia completamente diversa [...] È significativo, infatti, che il gruppo sociale più forte rappresentato tra i consiglieri delle cantine sia costituito dai coltivatori agiati, proprietari di appezzamenti di una certa dimensione, con alto reddito, che coltivano essi stessi la loro proprietà con alcuni coadiuvanti e salariati[46].

E questo mentre lo strato sociale più numeroso tra i soci è costituito da piccoli coltivatori diretti, proprietari di appezzamenti di piccole dimensioni, dalle aziende tipicamente familiari. Cosicché la rappresentatività dei dirigenti delle cantine sociali risulta essere "selettiva e discriminata". In tal modo si proverebbe che se la conservazione di originarie posizioni minacciate dai più potenti attori economici nella lotta per la spartizione dei mercati richiede l'adattamento alle regole di codesto mercato per sopravvivere e svilupparsi, tale adattamento privilegerebbe i settori meno deboli tra gli stessi associati, creandosi in tal modo una solidarietà non "meccanica" (tipica della mobilitazione sociale), ma "organica", con divisioni di ruoli e cristallizzazioni di status contrapposte che possono giungere a snaturare ogni ipotesi d'autogoverno cooperativo.

Il fatto che tale solidarietà organica sia stata una caratteristica delle cooperative di produzione e di consumo, a fronte di quella meccanica che si realizzava in quelle di lavoro – e *in primis* nelle affittanze collettive –, non stupisce, ed è anzi un fattore di progresso organizzativo, che via via (con la divisione delle funzioni e la crescita delle burocrazie) si è esteso anche a quelle di lavoro.

Il problema, piuttosto, è quello che queste istituzioni si trasformano, nel passaggio dalla "conservazione" all'"adattamento",

---

[46] Marletti C., *Sviluppo e struttura. Contributi di analisi sociologica*, Roma 1970, pp. 233-234.

come dimostra appunto la vicenda delle cantine sociali, in struttura d'interessi, continuando a rivestirsi dei panni del solidarismo unicamente per legittimare il potere acquisito ormai stabilmente dalle classi dominanti nel settore economico nel quale essi agiscono. Classi che, grazie al controllo che esercitano sulla massa dei soci, divengono dirigenti di quelle strutture cooperative.

Proseguendo nell'analisi di questa pratica di rappresentanza di interessi diversi che si realizza attraverso la cooperazione, non si può fare a meno di rilevare quanto questa trasformazione delle strutture associative sia diffusa nel settore della cooperazione che qui stiamo analizzando, settore tanto differente da quello che abbiamo individuato con il termine: "dalla resistenza allo sviluppo". Sino a dedurne che molto spesso tutto il mutamento che si realizza nel passaggio dalla "conservazione all'adattamento" è sovradeterminato dal controllo che su queste cooperative esercitano strati sociali diversi dalla massa dei soci.

Questa osservazione può essere di grande importanza perché da essa, moltiplicando le analisi empiriche, si potrebbe evincere la rilevante conclusione che la "protezione" degli interessi più deboli e la "conservazione" del loro potere situazionale (che tali strutture cooperative realizzano) richiede inevitabilmente l'appoggio di settori delle classi dominanti legati ai più potenti gruppi economici, con conseguenze non indifferenti ai fini del tipo di "adattamento" che si produce nei confronti dei mercati nei quali esse operano. In questo senso non si verificherebbe, appunto, la crescita dei settori "protetti" (il loro "sviluppo"), ma la loro pura e semplice persistenza e proliferazione, senza che il loro ruolo sociale e la loro capacità economica di contrattazione aumentino sino a mettere in pericolo il potere dei più potenti attori operanti sui mercati.

La questione del mercato dei capitali è, da questo punto di vista, assai significativa e ricca di indicazioni di lavoro che confermerebbero l'ipotesi da noi proposta. Si pensi all'esperienza delle casse rurali cattoliche, definitesi sin dal loro sorgere come cooperative di credito, nate al fine di fornire liquidità a basso interesse ai piccoli produttori pressati dalla necessità di anticipare capitali. In tal modo, afferma Lia Ghezzi Fabbri in uno studio che utilizzeremo qui di seguito:

> La cooperativa non apparì più solamente come mezzo idoneo a correggere le imperfezioni nella distribuzione propria del sistema capitalista, ma assunse dichiaratamente l'intento polemico di difesa contro il monopolio del credito e del capitale, e così fu recepita, senza tuttavia fare propri i fini ultimi rivoluzionari che saranno invece della cooperazione socialista[47].

La storia dello sviluppo di tali strutture associative conferma la veridicità del modello interpretativo da noi proposto. Innanzitutto per quanto concerne la "selettiva e discriminata" pratica direzionale: a fronte del loro svilupparsi nelle zone dove era maggiormente diffusa la piccola proprietà e in quelle dove – essendo la struttura agricola assai differenziata – quest'ultima era maggiormente minacciata dalle forme più avanzate di capitalismo agrario, stava il fatto che la direzione della casse non risiedeva nelle mani dei piccoli affittuari, dei piccoli proprietari affittuari, dei piccoli proprietari, di mezzadri.

> Se questi erano i richiedenti e i beneficiari dei prestiti [...] ciò non significa né che ne costituissero la maggioranza sociale né tanto meno che vi avessero forza decisionale, cioè che effettivamente potessero *pilotare* il mezzo creditizio secondo i propri interessi di classe. Affermare che le casse rurali fossero espressione del piccolo e medio ceto rurale significa identificare a priori le *persone* che di volta in volta godevano dei servizi di credito [...] con i *ceti* che ne avevano gli strumenti decisionali[48].

Da un esame della distribuzione dei soci per condizione professionale risulta, del resto, che la stessa *preminenza numerica*

[47] Ghezzi Fabbri L., *Crescita e natura delle casse rurali cattoliche*, "Quaderni storici", settembre-dicembre 1977, p. 791.
[48] Ivi, p. 794.

della piccola e media borghesia rurale "appare un assunto assai discutibile – scrive la Ghezzi Fabbri – e in ogni caso indimostrabile, mentre indiscutibile invece è il controllo che sugli istituti esercitavano, a fianco dei sacerdoti, i grandi borghesi agrari e i militari di carriera[49].

Tutto ciò, come abbiamo già affermato, svolgendo un discorso più formalizzato e astratto di quanto non sia il commento ai risultati di una ricerca empirica, non poteva non avere rilevanti conseguenze sul versante degli obiettivi da raggiungere una volta garantita la conservazione di questi ceti protetti. Conservazione indubbiamente perseguita, com'è noto, nel caso della piccola proprietà contadina, grazie anche al ruolo delle casse, e che non può essere messa in discussione.

Ma il dato più rilevante che si ricava dalla riflessione sul fenomeno della rappresentanza degli interessi delle frazioni più deboli (sui mercati) della classi dominanti e della piccola borghesia (in primo luogo rurale) realizzata dalla cooperazione, è quello che può sintetizzarsi nell'identificazione tra cooperazione cattolica e tali interessi, in un intreccio di valutazioni economiche e valutazioni precipuamente politologiche che tale identificazione sollecita.

Quanto affermiamo fu del resto già coraggiosamente enunciato nel corso del congresso nazionale della Confederazione cooperative italiane del gennaio 1975, quando si esplicitò la volontà di "chiudere", dopo venticinque anni, quella che fu chiamata "l'era di Malfettani", dal nome del suo, sino ad allora, massimo dirigente[50].

Non possiamo, a questo proposito, non lasciare la parola a Ilario Bianco, che meglio di ogni altro ha potuto illustrare i termini di questa identificazione e di questo processo di rappresen-

---

[49] Ivi, p. 795.
[50] Miglierina C., *Giro di boa: finisce dopo venticinque anni l'era di Malfettani*, "Cooperare", 1975, n. 2.

tanza degli interessi. Varrà la pena di riportare per intero la sua
dichiarazione in proposito:

> Per tutto il periodo, durato venticinque anni [...] [sino al 1975] la
> Confcooperativa ha ricoperto il ruolo di "struttura frigorifera" [...] di
> quella polverizzazione di iniziative economiche che caratterizzerà i
> settori arretrati del sistema italiano. E da questo punto di vista non è
> un caso che nella Confederazione abbiano maggior peso le coopera-
> tive di contadini [piccoli proprietari] [...] cioè di quello strato sociale
> che è maggiormente legato alla difesa della proprietà e dell'autono-
> mia individuale [...] del resto assai stretti sono i legami tra Confede-
> razione e Coldiretti [e Federconsorzi] [...]. Questa caratterizzazione
> difensiva toglieva però a un vasto settore del movimento cooperativo
> gran parte delle sue possibilità di incisività, non solo nei confronti
> delle cooperative che hanno imboccato la strada della razionalizza-
> zione neocapitalistica. In sostanza rischiava di diventare la pedina
> di un gioco condotto a sua insaputa [...] La difesa [...] del piccolo
> imprenditore dalle minacce della proletarizzazione è stata pagata in
> termini di restringimento crescente della sua importanza sul piano
> economico [...] di acquisizione di un ruolo rigidamente subordinato,
> di difficoltà sempre più gravi di mantenere i livelli di accumulazione
> del capitale necessario per la sopravvivenza[51].

Il passaggio all'"adattamento" sembra dunque contraddistin-
to da una subordinazione ai grandi centri di controllo dei mercati di beni, dei prodotti e dei capitali: una subordinazione che
pare sia connaturata all'ipotesi della conservazione di posizioni
sì già acquisite, ma deboli e incapaci di svilupparsi autonomamente pur nell'associazionismo. Non potrebbe, del resto, essere
diversamente e il pensare di poter evitare un esito siffatto altro
non è, in fondo, che una riproposizione dell'utopia dell'autosufficienza cooperativa e autogestionaria.

Si potrebbe obiettare, a questo punto del nostro discorso, che
anche l'impresa cooperativa che si crea grazie al trasferimento
delle tensioni della mobilitazione collettiva (assicurando il superamento della lotta rivendicativa e sottraendosi alle mediazioni

---

51 Bianco I., *Il movimento cooperativo italiano*, cit., pp. 260-261.

contrattuali), non si libera del dominio del controllo oligopolistico sui mercati. Il che è giustissimo, ma è una cosa ben diversa da quel processo di subordinazione che, invece, si verifica nel caso del passaggio dalla conservazione all'adattamento in cui la subordinazione si diffonde nelle stesse istituzioni cooperative, innescando un processo di mobilità sociale assai meno significativo di quello che indiscutibilmente si realizza nel cambiamento che ha per centro il lavoratore dipendente che diviene un potenziale "imprenditore collettivo".

E ormai possibile affermare che tra mercati economici e sistema politico i rapporti sono tanto stretti da porre in discussione lo stesso grado di sovra determinazione o di univoco condizionamento che i primi dovrebbero istituire sul secondo. Non soltanto le vicende delle partecipazioni statali ma anche quella del comportamento del sistema politico in merito alla determinazione dell'allocazione e della distribuzione delle risorse pongono storicamente in evidenza – soprattutto nel nostro paese – il lento ma inevitabile logorarsi dell'originario rapporto di subordinazione, sostituito via via da una logica di spartizione e lottizzazione nell'ambito della quale il ruolo della classe politica è sempre più importante e decisivo nella scelta tra "le alternative possibili".

Sarebbe di grande interesse, a questo proposito, verificare quanto del potere condizionante che deriva alle unità economiche operanti sui mercati dal ruolo situazionale che le connota si sia via via tramutato (il che non vuol dire che sia scomparso) in risorsa per il sistema politico. Quest'ultimo, con le sue decisioni (o le sue assenze decisorie), non soltanto porrebbe in atto un meccanismo di crescente condizionamento di tali poteri situazionali, ma proprio da tale condizionamento o dalla sola prospettiva di essere in grado di esercitare un potere di veto sulle variabili istituzionali che costituiscono l'ambiente nel quale operano le imprese, trarrebbe una delle sue prerogative di rafforzamento e di continua creazione di nuove risorse che ne amplierebbero i poteri.

Si verrebbe così a istituire un meccanismo che si alimenterebbe da un lato dello sviluppo delle unità economiche, dall'altro delle decisioni del sistema politico. Queste ultime sarebbero legittimate sì dallo sviluppo economico, ma non secondo una logica strettamente determinata dal raggiungimento del profitto, quanto, invece, dal sistema di garanzie che la classe politica ha via via rafforzato (grazie all'espansione economica) per garantire appunto la legittimazione e, in definitiva, il consenso.

Un simile modello e schema interpretativo – e questo giustifica la sua sintetica esposizione in questa sede – può essere applicato per quanto concerne la vicenda della cooperazione come impresa. Al trasferimento delle tensioni o alla conservazione di poteri situazionali minacciati dalla concentrazione che si tramutasse in sviluppo (o in adattamento), si sovrapporrebbe il costituirsi del sistema cooperativo come luogo di crescita delle risorse per la classe politica, con tutte le implicazioni (i vincoli e le scelte tra le decisioni possibili presentate da quest'ultima) che prima abbiamo enunciato.

Queste considerazioni sembrano sollevare più problemi, per lo studio della cooperazione come impresa, di quanti non ne risolvono: ci riferiamo innanzi tutto al fatto che una simile interpretazione potrebbe arricchire notevolmente il modello della "dipendenza della politica dei partiti delle subculture" come viene definita da Farneti:

> La politica italiana appare determinata dalla situazione nella società civile [sino a far pensare che] [...]. Il sistema politico italiano sia, rispetto ad altri paesi, relativamente poco autonomo. E questo è dimostrato, fra l'altro, dalla partecipazione elettorale [che] diventa dipendente rispetto alla mobilitazione subculturale. Sì che le aree di mobilitazioni subculturale del nord, del centro e di una parte minima del sud, diventano aree di concomitante mobilitazione elettorale e di formazione della base dei partiti di massa (cioè, meglio, dei partiti popolari)[52].

52 Farneti P., *Sistema politico e società civile. Saggi di teoria e di ricerca politica*, Torino 1971, pp. 311-312.

E non è un caso che Farneti giunga a queste considerazioni dopo aver esaminato il rapporto esistente tra subculture, strutture di solidarietà e d'interesse e mobilitazione politica e sociale iniziando dalle forme associative cooperative e privilegiando, nella sua analisi, quelle che – "almeno nel loro sorgere" – hanno caratteri prevalenti di solidarietà meccanica e che "tendono a far coincidere, in questa rete di rapporti che si forma ai margini del sistema politico liberale, ma in realtà al centro della società civile, cittadinanza politica [...][53]". Di qui la loro forza, ma anche la loro debolezza e la loro dipendenza dal grado più o meno alto della mobilitazione sociale e politica degli interessi rappresentati.

Ma il problema del rapporto tra cooperazione e sistema politico, che è uno dei nodi centrali per comprendere lo sviluppo e la logica via via prevalente di stabilizzazione e di sottrazione delle imprese cooperative dagli alti e bassi della mobilitazione, può essere risolto quando a questo modello di dipendenza dalla cristallizzazione (subculturale) dell'unità associativa cooperativa si sovrappone quello dello scambio politico.

Mentre nel mercato atomistico – afferma Pizzorno in un fondamentale saggio sulla questione, dove tale schema interpretativo è soprattutto rivolto a comprendere la logica dell'azione sindacale – le maggiori ricompense venivano ottenute in cambio di continuità di lavoro, nel caso del mercato politico le risorse date in cambio hanno a che fare con il consenso. Un soggetto [...] il quale ha beni da distribuire è pronto a scambiarli con consenso sociale che un altro soggetto è in facoltà di dare o di ritirare. Mentre in una situazione di pura contrattazione collettiva l'azione sindacale può minacciare un'interruzione della continuità del lavoro, cioè un ritiro della collaborazione alla produzione, possiamo dire che lo scambio diventa di tipo politico quando la minaccia riguarda il ritiro del più ampio consenso sociale, cioè il ritiro della collaborazione all'ordine sociale[54].

53 Ivi, p. 286.

54 Pizzorno A., *Scambio politico e identità collettiva nel conflitto di classe*, "Rivista italiana di scienza politica", 1977, n. 2, p. 169; saggio poi compreso in Crouch C., Pizzorno A. (a cura di), *Conflitti in Europa. Lotte di classe, sindacati e Stato dopo il '68*, Milano 1978.

Abbiamo visto precedentemente come una delle caratteristiche dell'impresa cooperativa sia il trasferimento delle tensioni, realizzando una sorta di "sottrazione" della mobilitazione collettiva dalla logica della contrattazione per cristallizzarla nella creazione di unità associative economicamente operanti. E simile ragionamento è valido anche per quelle cooperative che realizzano tale cristallizzazione provocando l'"adattamento" sui mercati di associazioni dirette a conservare il potere situazionale di settori delle classi medie, anch'esse, del resto, possibili fonti di una specifica mobilitazione collettiva.

Il dato peculiare di tale trasferimento delle tensioni risiede nel rapporto che si realizza con il sistema dei partiti e con lo Stato: esso diviene da un lato risorsa per il consenso perseguito dai primi e dall'altro organizzazione di risorse garantita dal secondo grazie all'azione di pressione realizzata dai partiti medesimi su di esso. Consenso per i partiti in cambio di risorse dallo Stato: questo pare essere l'assenza dello scambio politico che ha nella cooperazione il suo centro.

Occorre tuttavia perseguire l'applicazione di questo schema di riferimento con grande duttilità e accortezza e ciò per tre ordini di ragioni. È necessario in primo luogo render conto del fatto che nella maggior parte dei casi tra il consenso ottenuto dai partiti e il "monte" di risorse ottenute dalle unità associative esiste un divario notevole e che i due termini dello scambio non si presentano in posizioni di uguaglianza, quanto, piuttosto, come una sorta di trasposizione della rappresentanza degli interessi dalla cooperazione alla mobilitazione collettiva, al fine di strappare risorse spesso ritenute insufficienti o addirittura foriere di effetti contro intuitivi.

Ciò può derivare dalla seconda delle ragioni sopraccennate, ovvero dal fatto che lo scambio realizzatosi attraverso il sistema dei partiti può portare con sé una serie di penalizzazioni o di veri e propri "blocchi" del flusso delle risorse, riflesso speculare della discriminazione realizzatasi a danno di tal une forze politiche.

Occorre considerare, infine, una variante non indifferente allo schema presentato che, se non ne modifica i caratteri fondamentali, introduce una variabile di notevole interesse: quella, cioè della cooperazione come attore politico che tende al rifiuto della mediazione partitica, della trasmissione della domanda ai segmenti del sistema dei partiti ai quali precedentemente faceva riferimento, e si presenta invece come gruppo di pressione nel contesto del sistema politico di cui entra a far parte.

È superfluo sottolineare che tale processo è tanto più evidente quanto maggiore è la forza della cooperazione, così come è dimostrato dalla nascita di una corrente favorevole a un "partito della cooperazione" ("gemello" del "partito del lavoro") durante il giolittismo e della situazione esistente nell'odierno movimento cooperativo, che pare oscillare tra un sensibile processo di riaffiliazione partitica e un accresciuto ruolo autonomo della cooperazione, appunto come attore politico.

Varrà la pena, a questo proposito, ripercorrere brevemente alcune fasi dello sviluppo storico dello schema interpretativo sopraccennato, sottolineandone volta a volta le più o meno rilevanti correzioni e integrazioni sulla base delle tre varianti ricordate. Si tratterà, pertanto, dell'indicazione di alcune linee di ricerca.

Non si può non iniziare dall'assemblea dei quarantun deputati, del 1886, "che avevano dimostrato di avere a cuore la diffusione del credito popolare e delle istituzioni cooperative[55]", i quali si riunirono sotto la direzione degli onorevoli Guisso e Luzzatti, stabilendo quello stretto collegamento con i "deputati amici della cooperazione" che "sarà una costante della storia della cooperazione, e [che] agli inizi del secolo si giungerà perfino a formalizzare [con] la costituzione di un comitato parlamenta-

---

[55] Sull'assemblea dei 41 deputati del 1886 si veda Degl'Innocenti M., *Storia della cooperazione*, cit., p. 78.

re[56]". Inutile sottolineare che tale "formalizzazione" poteva rivestirsi di diversi contenuti politici se nel raggruppamento prevalevano i democratici e i liberali oppure i socialisti. Tale stretto collegamento con il personale politico aveva il suo primo referente nella creazione del quadro legislativo che avrebbe stabilito i lineamenti istituzionali entro i quali avrebbe potuto e dovuto agire la cooperazione, così come si documenta in uno dei contributi raccolti in questo volume.

Giova soltanto sottolineare, per quanto ci compete, quanto importante sia stato questo rapporto non soltanto per il movimento cooperativo ma per l'intero socialismo italiano, sulla scorta di quanto ha lucidamente affermato Degl'Innocenti affrontando questo problema:

La politica delle agevolazioni alle cooperative era invece accettata [a differenza dei repubblicani e dei liberali: si era nella metà degli anni Ottanta del secolo XIX] dai socialisti, specialmente quelli emiliani e romagnoli. Dopo che furono superate alcune iniziali diffidenze da parte degli operaisti, l'atteggiamento dei socialisti nei confronti della legislazione a vantaggio delle cooperative influì notevolmente anche sulle loro posizioni nei confronti dello Stato, secondo un processo forse anche contraddittorio, ma che deve essere ancora ricostruito in tutte le sue implicazioni[57].

Grande importanza ebbero, a questo proposito, le leggi per gli appalti dei lavori pubblici a società cooperative di produzione e lavoro, a partire da quella dell'11 luglio 1889, la quale, concedendo un grande potere discrezionale alle amministrazioni statali nella concessione degli appalti, impegnava le forze politiche che avevano una base elettorale nel movimento cooperativo a un più deciso sforzo nella lotta amministrativa, così da garantirsi una più efficace trasformazione della domanda politica

---

Ivi, pp. 99-100.
Ivi, p. 109.

in possibilità di lavoro e di sviluppo delle unità associative con un preciso scopo.

Per stenderle e per salvaguardarle – aggiunge Degl'Innocenti –, rimanendo così entro una logica che ne faceva insieme strumenti di pressione nei confronti del governo e di risoluzione di determinati interessi[58].

Questo processo è ancora più evidente se si porta attenzione alla dimensione locale, a quella delle amministrazioni comunali, con un crescendo di efficacia nello scambio politico quando queste ultime erano dirette da una leadership ideologicamente omogenea con quella del movimento cooperativo attivo nel territorio e che poteva più direttamente agire da rappresentanza degli interessi nei confronti del governo nazionale e delle pubbliche autorità. Esemplare, a questo proposito, il meccanismo dello scambio in merito alla concessione dei lavori pubblici. Ma lasciamo ancora la parola a Degl'Innocenti.

I movimenti centrali di quel complesso sistema di mediazioni comunale e provinciale; in sede nazionale, i contatti che si venivano tessendo tra i deputati "amici della cooperazione" [...] e il governo o le direzioni generali dei ministeri. Il prefetto era al centro del complesso sistema di relazioni tra organizzazioni sindacali e associazioni cooperative, deputati e governo centrale, ma esercitava pure un controllo diretto sui lavori di intercedere per i crediti presso le banche le quali a loro volta si rifacevano presso la tesoreria dell'intendenza di finanza [...]. Importante era anche l'orientamento delle amministrazioni locali, dal quale dipendevano le possibilità di appalti di lavori pubblici e la disponibilità degli enti di beneficenza e di assistenza, a servirsi delle cooperative[59].

Il centro di questo processo di scambio era pur sempre situato, tuttavia, nelle prerogative del personale politico, forte di una serie di possibilità di garantire la rappresentanza degli interes-

---

58 Ivi, pp. 204-205.
59 Ivi, pp. 206-207.

si e di raccogliere consenso ben esplicitata dall'esame del ruolo svolto nel periodo giolittiano dal deputato socialista. Precisa Degl'Innocenti:

Intorno alla sua persona finivano [infatti] per convergere tutte le sollecitazioni da parte delle varie istanze del movimento operaio (sezione, cooperativa, Lega ecc.) altrimenti autonome [...]. Le spinte e le sollecitazioni che provenivano dalla cooperazione accentuarono il ruolo di mediazione e di rappresentanza politica del deputato socialista, il quale pertanto, più che essere un procacciatore di favori, venne riflettendo in sede locale le caratteristiche generali del partito socialista di patrocinatore e di strumento di collegamento tra istanze e interessi diversi[60].

È importante sottolineare che questo rapporto tra personale politico e cooperazione era tanto più stretto quanto più elevato era il grado di mobilitazione sociale presente nel paese; esso dette luogo, sul piano territoriale, a un flusso di risorse favorevoli alle cooperative in modo pressoché omogeneo nelle aree caratterizzate dalla prevalenza della subcultura che trovava espressione nella mobilitazione elettorale, secondo il modello proposto da Farneti. Cosicché, ad esempio, non soltanto si può rilevare che:

L'incremento dei lavori pubblici concessi alle cooperative [agli inizi del secolo XX] [...] fu determinato dalla pressione esercitata dalla ondata di scioperi del 1901-1902, [ma anche che] le provincie meridionali venivano quasi del tutto trascurate, [mentre] la localizzazione dei lavori pubblici result[ò] particolarmente intensa nelle provincie della Padana[61].

Questa annotazione è di rilevante importanza per comprendere la faticosa e concreta genesi del processo di scambio politico tra cooperazione-partiti-Stato e va immediatamente accompagnata da un'altra osservazione: ossia che anche l'impegno nella mobilitazione politica fu una conquista, realizzatasi per le si-

[60] Ivi, pp. 211-212.
[61] Bassi E., *I problemi della cooperazione*, Milano 1905, p. 127.

multanee pressioni sia dei partiti (dei socialisti, in primo luogo, e abbiamo ricordato il loro impegno in proposito contro le opinioni degli operaisti) sia dei cooperatori.

Si diceva, del resto, nel commento alla *Statistica delle società cooperative italiane esistenti nel 1902*, edito a Milano l'anno successivo per i tipi della Lega nazionale delle cooperative italiane:

Le accennate disposizioni della legge sugli appalti e del regolamento daziario [dell'11 luglio 1889 e del 27 febbraio 1898] non hanno – in effetti – una grande portata, né economica, né giuridica, sulla grande maggioranza delle società cooperative italiane: se si considera che delle 764 cooperative di produzione e lavoro soltanto 203 sono iscritte nei registri prefettizi [condizione indispensabile per ottenere le agevolazioni previste dalle leggi citate], e delle 861 cooperative di consumo soltanto 201 operano in esenzione di dazio. Ecco quindi un altro pregiudizio battuto in breccia dalla constatazione della presente statistica: per effetto di essa è provato che sopra 1625 cooperative di cui si ebbero, a questo riguardo, le risposte, soltanto 404, e cioè *meno della quarta parte*, fruisce di certi benefici legislativi, che servono così mirabilmente – per gli interessati avversari della cooperazione – a far sventolare la bandiera di guerra dei così detti privilegi[62].

Ma questa manifestazione di orgoglio per la provata capacità di "far da sé" altro non era che un far di necessità virtù e un rovesciare una situazione non desiderata da momento di debolezza in arma polemica contro gli avversari: l'obiettivo rimaneva quello di estendere la forza della Lega e quindi la base associativa formata da cooperative ufficialmente riconosciute e più attivamente operanti grazie ai provvedimenti con grande fatica ottenuti.

Cosicché, valido per quei tempi (e per quei tempi come per oggi) era il monito lanciato da Ercole Bassi nel 1905, sinonimo di quella "trasportazione della rappresentanza degli interessi

---

[62] Lega nazionale delle cooperative italiane, *Statistica delle società cooperative italiane esistenti nel 1902*, Milano 1903.

dalla cooperazione alla mobilitazione politica" di cui abbiamo finora parlato:

> Ebbene le cooperative devono di ciò occuparsi: provvedere all'iscrizione di tutti gli amministratori nelle liste degli elettori camerali [delle Camere di commercio]; eccitarli poi a concorrere alle elezioni; accordarsi circa i candidati da appoggiare. [E fin qui trattavasi di rappresentanza degli interessi per tramite diretto della cooperazione].
>
> Finalmente le cooperative non possono restare indifferenti anche alle elezioni al Parlamento, ove si elaborano tante leggi di grave interesse per la cooperazione. Le società pertanto devono cercare che tutti i propri soci siano iscritti nelle liste elettorali; affiatarsi fra loro per scegliere o appoggiare quel candidato che dia maggior affidamento di tutelare i legittimi interessi cooperativi. [E qui si era nel pieno contesto del processo di mobilitazione politica][63].

Una prova *a contrario* di quanto importante sia per la cooperazione l'efficacia di tale situazione di scambio politico, ovvero l'offerta costante (e proporzionata alla domanda) di misure di sostegno e di risorse utilizzabili per lo sviluppo, è da ricercarsi nella situazione politica italiana degli anni Cinquanta, caratterizzata da quella discriminazione verso le forze politiche rappresentanti gli interessi di una larga parte della cooperazione ch'è troppo nota per farne qui cenno. Un osservatore partecipe e attento come Walter Briganti ha spiegato, in una riflessione sul periodo citato, la relativa debolezza della cooperazione italiana.

> La relativa debolezza strutturale del movimento cooperativo, anche se bilanciata dalla solidità di alcune ragioni come l'Emilia e il Trentino e di alcune provincie come Mantova e Cremona, può essere uno dei motivi per cui la forza della cooperazione come gruppo di pressione nella società e nei confronti dello Stato è stata, fino agli anni Sessanta, molto limitata. A sua volta l'insufficiente capacità di ottenere adeguate misure incentivanti ha contribuito al relativo ristagno del movimento. Per spezzare questo circolo vizioso occorreva una vigorosa iniziativa a livello politico[64].

---

[63] Bassi E., *I problemi della cooperazione*, cit., p. 127.

[64] Briganti W., *Il movimento cooperativo*, cit., p. 27.

Ma è proprio a questo punto della nostra operazione concettuale che ci si presenta dinanzi la possibile alternativa racchiusa
nel senso storico-concreto da attribuire alla frase "vigorosa iniziativa a livello politico": se essa, cioè, sia da intendersi nel senso
di un più stretto rapporto di scambio con i partiti, tramite questi, con l'esecutivo, oppure nel senso di un rapporto diretto del
movimento cooperativo con l'autorità di governo grazie alla sua
crescita come attore politico.

Non v'è dubbio che tale seconda alternativa può essere fatta
propria soltanto da un movimento cooperativo tanto forte, per
lo scambio realizzatosi precedentemente secondo il primo dei
due modi sopracitati, da potersene liberare e da proporsi esso
stesso come gestore in prima persona sia della rappresentanza
degli interessi sia della loro utilizzazione nel mercato politico.

Il non aver seguito tale via e l'aver invece stretto ancor più i rapporti con i propri partner politici (PSI e CGdL) fu, secondo Riguzzi e Porcari (l'abbiamo già ricordato), "il grave errore" compiuto negli anni Venti dalla cooperazione socialista, che non soltanto
si espose in tal modo ancor più all'offensiva fascista limitando la
sua sfera di alleanze, ma interruppe un processo di progressiva autonomia che avrebbe sempre più dato i suoi frutti in primo luogo
nella selezione esclusivamente tecnica e meritocratica del personale dirigente, al di fuori di intromissioni partitiche.

I rapporti della cooperazione bianca col partito popolare sono su per
giù quelli della cooperazione socialista col partito politico – affermavano ancora i due autori del libro pubblicato per i tipi gobettiani –.
I cattolici hanno avuto però la furberia di non approvare mai alcun
ordine del giorno che desse una sanzione qualsiasi a questi rapporti, nonostante la loro qualifica di organizzazione informata e facente
capo a un partito politico [...]. Alla periferia le cooperative agivano
in conseguenza appoggiando e finanziando – come contropartita dei
benefici che ricavavano – le candidature politiche e amministrative
del partito popolare[65].

---

65 Riguzzi B., Porcari R., *La cooperazione operaia*, cit., pp. 21, 26-27.

Quanto ci ricordano i due cooperatori riformisti deve indurci a considerare che la possibile compresenza del processo di autonomia e del processo di rafforzamento (sì che quest'ultimo giunge a portare il primo sino al suo più completo sviluppo), può aver risultati diversi in base alla situazione differenziata che, nel sistema di potere, può essere propria dei rispettivi movimenti cooperativi. Se essa è negativa, o meno favorevole per uno degli attori o dei sistemi di attori in gioco (cooperative, partiti, sindacati), il permanere delle tendenze all'apparentamento e allo scambio cooperazione-partiti-Stato sarà ancora ben forte e un suo ulteriore sviluppo potrà intendersi come una delle condizioni per rovesciare la situazione deprivilegiata di potere.

Ciò è dimostrato, del resto, dai rispettivi comportamenti della cooperazione socialista e cattolica negli anni Venti. In quel periodo, pur non trattandosi, come è evidente, di una situazione di potere a somma zero ma, anzi, ben caratterizzata da benefici ripartiti omogeneamente tra tutti gli attori cooperativi, mentre si avevano disuguaglianze di potere tra i partiti, il movimento socialista sviluppò sino in fondo la strategia da noi individuata per le situazioni deprivilegiate, mentre quello cattolico, già organicamente inserito sin dal patto Gentiloni nel blocco di potere antisocialista e dominante, rafforzava la sua presenza nel settore cooperativo e, pur continuando a mantenere stretti rapporti con il partito, adattava (la "furberia" denunciata da Riguzzi e Porcari) una circospetta tattica tesa a mantenere un autonomo margine di manovra al movimento cooperativo, margine che gli consentì di subire con minori danni l'offensiva fascista, sino a farsene assorbire in modo pressoché indolore.

È indubbio, del resto, che in Italia storicamente lo scambio politico cooperazione-partiti-Stato fonda una delle caratteristiche essenziali della strategia delle forze politiche e sociali che hanno lottato per lo sviluppo della cooperazione rappresentante gli interessi delle classi subalterne, così come di quelle che tale sviluppo hanno inteso nel solo senso dell'"adattamento" al sistema economico esistente di posizioni di potere tipiche delle classi medie. Da ciò, però, non può non discenderne un'ulteriore legge generale dello sviluppo cooperativo. Ovverosia quella che se al sistema di potere è omogenea una rappresentanza degli interessi che, più che allo "sviluppo" delle classi subalterne punta all'"adattamento" dei segmenti deprivilegiati del blocco delle classi dominanti, tale rappresentanza si adatterà alle pieghe del sistema esistente, sfruttandone le possibilità clientelari, piuttosto che promuovere nei suoi confronti una vigorosa iniziativa tesa a modificare i rapporti di potere esistenti nei mercati economici, favorita in ciò dalla discriminazione esistente nei confronti dei partiti che fanno parte dell'opposto sistema di rappresentanza degli interessi. A proposito afferma giustamente il Briganti:

> La DC si presentò alle elezioni del 18 aprile con un bagaglio leggero in fatto di impegni per la cooperazione, e dato il suo ruolo di partito di maggioranza relativa e il suo potere governativo, ciò non condizionò le sorti della legislazione a favore delle cooperative [...]. A un certo fervore nei primissimi anni subentra una lunga stasi nella legislazione a favore delle cooperative [...]. A questa inconsistenza di impegni si contrapponeva il programma delle sinistre [...]. Se il Fronte [popolare] avesse vinto è probabile che la sua politica economica avrebbe fatto di tutto per potenziare la cooperazione [...]. Invece, nell'era di De Gasperi, fra il 1948 e il 1953 [...] la cooperazione, pur crescendo, rimase sacrificata, confinata in un ruolo secondario nei settori economici in cui operava[66].

Quest'ultima considerazione ci induce a sottolineare l'importanza della seconda delle variabili da noi individuate per garantire una corretta applicazione del modello interpretativo cooperazione-partiti-Stato (consenso contro risorse): quella che prevede il blocco o l'indebolimento del flusso delle risorse (anche nel mantenimento della "legislazione di sostegno" già otte-

---

[66] Briganti W., *Il movimento cooperativo*, cit., p. 27.

nuta), in presenza, nel mercato politico, di una discriminazione e penalizzazione dei partiti ai quali uno dei settori cooperativi (o, in altri paesi dove non esiste pluralismo cooperativo, tutta la cooperazione) fa riferimento.

Un esempio, per molti versi drammatico, della veridicità di tale assunto è contenuto nella relazione annuale svolta al XXIV congresso della Lega nazionale delle cooperative e mutue svoltosi a Roma dal 9 al 12 giugno 1955 in pieno periodo "centrista". In tale documento si ricordavano i tratti salienti di un'offensiva anticomunista e antisocialista che colpiva la cooperazione rappresentante gli interessi delle classi proletarie. Veniva documentato anche il conflitto che negli organi dello Stato tale offensiva determinava, a causa della sottrazione del potere ispettivo sulle cooperative che il ministero dell'Interno realizzava a danno di quello del Lavoro e della previdenza sociale (delegato per legge a tale funzione).

Temperato dalle resistenze che nel 1949 Amintore Fanfani oppose a tale offensiva diretta da Mario Scelba e dal vertice democristiano, questo processo di "rivalsa" contro la cooperazione rossa (la stessa legge del 1947 che si limitava a superare in parte la legislazione fascista veniva considerata "sovversiva" dai grandi gruppi economici), non ebbe più freno alcuno, se non nella mobilitazione politica delle forze di sinistra, quando il successore di Fanfani, Rubinacci, dette una chiara dimostrazione:

> Dimostrò di essere [invece] sensibile e all'azione concentrata dagli avversari della cooperazione, e al Senato, nel giugno del 1952, parlando sul bilancio del ministero del Lavoro e della previdenza sociale afferm[ò] che le cooperative rappresentano un movimento economico che deve marciare sullo stesso piano su cui sono incanalate le forze produttive, per cui nessuna distinzione si può pretendere ch'egli faccia tra un'azienda privata e un'impresa cooperativa[67].

Di quali imprese cooperative si trattasse, in quest'offensiva tutta determinata dai rapporti esistenti col sistema politico, si

---

[67] Ibidem.

precisò senz'ombra di dubbio il 18 marzo 1954 quando il Presidente del Consiglio dei ministri, Mario Scelba emanò un comunicato nel quale si annunciavano "misure rese necessarie nei settori economici, finanziari, del credito, dello spettacolo, nonché nel quadro del precetto costituzionale della fedeltà al regime".

Misure che si esercitarono innanzitutto nella direzione di colpire in particolar modo quel settore cooperativo che, più danneggiato e oppresso dal fascismo a differenza di altri settori, dopo la Liberazione aveva intrapreso uno sforzo ricostruttivo fondato anche sulla "riappropriazione del mal tolto". Varrà la pena, a questo proposito, di riportare un lungo brano della citata relazione che meglio di ogni altro commento ben sintetizza, pur con un linguaggio dichiaratamente enfatico, tutta la questione:

Dopo il comunicato della Presidenza del Consiglio del 18 marzo 1954 [...] il governo, passando all'attuazione dei provvedimenti annunziati, sferra una decisa offensiva per estromettere dalle loro sedi le cooperative e le organizzazioni democratiche e operaie.

La lotta tenace che il movimento cooperativo ha condotto in comune con le grandi organizzazioni di massa del nostro paese per rivendicare il possesso dei "beni e dei patrimoni" strappati con la violenza dal fascismo, iniziatosi fin dal 1954, continua tuttora. Nonostante le pressioni del movimento cooperativo, delle grandi organizzazioni di massa appoggiate dal più largo seguito popolare, il governo non ha mai voluto cedere e consentire un riconoscimento, che trovava la stessa sua ragione morale nelle premesse che avevano spinto il nostro popolo alla lotta di liberazione, opponendosi con altrettanta tenacia alla discussione di progetti di legge che tali riconoscimenti rivendicavano, tanto durante la prima legislatura della Repubblica, quanto davanti all'attuale Parlamento, mentre abbiamo dovuto assistere in tutti questi anni all'assalto che le organizzazioni confessionali e acliste hanno effettuato su tutti i beni dell'ex Dopolavoro e della ex Gioventù italiana del littorio, ripartendoli dopo essersene virtualmente appropriati.

Con provvedimenti di semplice procedura amministrativa, trascurando ogni giudizio di merito, scavalcando ogni diritto subbiettivo e qualsiasi intervento della magistratura, coll'appoggio e coll'intervento delle forze armate di polizia, con una procedura che ricorda altre illegalità e altre soprafazioni contro le quali gli italiani sono insorti, le cooperative, sotto la minaccia dell'intervento violento, si sono viste estromettere dalle loro sedi, impedite di svolgere le proprie funzioni, danneggiate nelle loro attività economiche, mentre venivano compromessi e messi in pericolo gli stessi vitali interessi delle masse dei soci, quali consumatori, o prestatori d'opera, o produttori[68].

Una situazione specularmente diversa da questa fin qui descritta è quella determinata dall'affermarsi della terza delle variabili indicate all'interno del nostro modello concettuale: la crescita della cooperazione come attore politico. Se riflettiamo in una prospettiva di lungo periodo sulla questione, forti della documentazione storiografica e della sistematizzazione sociologica e politologica, osserviamo che affinché tale progetto di autonomia della cooperazione si realizzi sono necessarie, in un regime di pluralismo cooperativo, le seguenti condizioni.

È inevitabile, in primo luogo, un forte sviluppo delle unità e dei consorzi cooperativi, sino a far sì che questo complesso possa essere considerato un comparto importante dell'intero sistema economico, tale, cioè, da aver avuto ragione del meccanismo delle "barriere all'entrata" del quale abbiamo parlato nella prima parte di questo nostro lavoro. È quanto s'era verificato nell'immediato primo dopoguerra ed è quanto si verifica oggi, negli anni che stiamo vivendo. Tuttavia questa condizione non è sufficiente.

Nel periodo prefascista la situazione di divisione e di paralisi del sistema politico impedì che si stabilizzasse una condizione di uguaglianza nell'accesso al sistema di potere governativo dei partiti che garantivano il trasferimento della rappresentanza degli interessi dalla cooperazione alla mobilitazione politica. In tal modo i settori deprivilegiati furono protagonisti, invece che del processo di affermazione dell'autonomia politica, di quello della più stretta applicazione del patto di alleanza tra partito socialista, cooperazione, sindacato di classe. Assai diversa appariva, invece, la situazione nel 1977, quando si svolse la I conferenza nazionale

---

68 Ivi, pp. 27-28.

della cooperazione. A fianco dello sviluppo del settore cooperativo si verificava quella che ci pare essere la seconda condizione necessaria affinché si manifesti l'agire sociale tipico della cooperazione come autonomo settore politico: la situazione di "pari opportunità" delle forze partitiche nel sistema di potere governativo.

Situazione che se tale non è nei fatti, può esserlo nelle aspettative dei singoli e delle forze sociali, sì da produrre un comportamento simile a quello che si verificherebbe in situazioni di effettività.

In Italia ciò è accaduto durante il periodo dei governi di "unità nazionale" che hanno realizzato l'allargamento al PCI dell'area di maggioranza governativa, cosicché tutte e tre le "centrali" cooperative si trovavano dinanzi a una dislocazione delle forze politiche caratterizzata dalla compresenza, nella maggioranza di governo, dei partiti che storicamente ne hanno segnato l'apparentamento partitico.

L'agire sociale caratteristico della cooperazione – attore politico è, per molti versi, simile a quello del sindacato – attore politico: ovvero il porsi nei confronti del sistema di potere come portatore da un lato di interessi generali che si concretano in un vero e proprio programma di governo e dall'altro come gruppo di pressione nei confronti dell'insieme di quest'ultimo. Esemplari a questo proposito alcuni documenti contenuti negli atti della I conferenza nazionale della cooperazione.

Nelle relazioni dei tre maggiori dirigenti delle forze cooperative si espongono i lineamenti del "programma cooperativo di governo": soluzione della questione meridionale, piano agricolo-alimentare, nuova politica della distribuzione commerciale, piano abitativo, riforma dei meccanismi di erogazione della spesa pubblica ecc. E nell'ordine del giorno finale della conferenza, con grande chiarezza si esplicita il meccanismo di scambio politico che si vuole instaurare:

[La I conferenza della cooperazione] chiede che per i fini suesposti si svolga al più presto un incontro tra il governo e le organizzazioni rap-

presentative del movimento cooperativo giuridicamente riconosciu-
to, per un meditato e globale esame dei risultati della conferenza e per
la messa a punto di un organico programma di interventi, atto a configurare una appropriata politica della cooperazione, nella quale trovi
collocazione anche la previsione di appropriati strumenti culturali e
di ricerca che valgano a formare idoneo supporto a tale politica. Per
l'immediato si rivendica che negli incontri in corso tra le forze politiche democratiche impegnate a definire accordi per un programma di
governo si tenga adeguatamente conto del peso e del ruolo della cooperazione quali sono emersi dall'insieme dei lavori della conferenza.

La rottura dei "governi di solidarietà nazionale", non a caso,
appare caratterizzata da un tendenziale ridimensionamento della cooperazione come attore politico (che in casi di pluralismo
cooperativo non può non coniugarsi con una politica unitaria),
e da un progressivo processo di nuova riaffiliazione partitica.

Il sistema organizzativo della cooperazione come impresa

Questa ultima parte del lavoro sarà senza dubbio la meno soddisfacente e la più sottoposta al confronto, sempre necessario,
tra lo stato degli studi, gli obiettivi da perseguire e – ultima solo
in ordine espositivo – la limitatezza degli strumenti concettuali
che contraddistingue l'autore di queste pagine, limitatezza forse
inevitabile nel contesto di una riflessione che, invece che soli-
taria, avrebbe dovuto esser il frutto di un più serrato dibattito
all'interno della comunità scientifica e dei cooperatori.

Il problema del sistema organizzativo della cooperazione
come impresa richiederebbe infatti un puntuale confronto
con la teoria dell'organizzazione, evincendone le posizioni
più significative e sviluppandone le indicazioni più utili per
i nostri fini. Basterà ricordare qui, brevissimamente, quanto
ho cercato di dimostrare in altra sede, sia con un approccio
propriamente teorico, sia con uno studio diacronico, per
mezzo dei quali l'evolversi di quell'unità amministrativa ch'è

l'impresa, sistema socio-tecnico aperto alle interazioni con l'ambiente, può venire analizzato come campo d'intervento di quegli "agenti sociali della struttura" che sono gli "organizzatori della produzione".

Ovvero coloro che garantiscono il controllo e la regolazione del sistema incorporando conoscenze tecnico-scientifiche e capacità organizzative nel contesto del sistema di dominio e della separatezza degli agenti sociali che caratterizzano sì il conflitto, ma anche l'espansione e lo sviluppo delle unità produttive.

La riflessione sui sistemi organizzativi, sulle culture che li sottendono, dimostra che essi non sono interamente indagabili attraverso una lettura dei sistemi d'impresa come puro simbolo di dominio, ma devono essere considerati come sistemi che garantiscono lo scambio e l'interazione tra i mercati, le forze produttive, la fisicità dei processi naturali e di trasformazione e le unità economiche che cristallizzano un patrimonio universalistico di conoscenze e di pratiche di gestione delle grandi organizzazioni e che nessun rovesciamento del vigente sistema di dominio sociale potrà ignorare.

Tale patrimonio dovrà invece essere sviluppato e riclassificato, secondo una prospettiva di democratizzazione e di razionalizzazione dell'uso delle risorse che sola potrà misurare e garantire l'efficacia di qualsiasi nuova forma di gestione dello sviluppo delle forze produttive.

Può la cooperazione essere intesa come l'anticipazione, la "simulazione" (su scala medio-piccola e non integrata con sistemi coerenti), di codesta nuova gestione, democratica ed efficiente insieme?

Una cooperativa non è l'esito di una qualsiasi associazione; essa non pratica una forma qualsiasi di unità e di solidarietà. A un certo punto i cooperatori si associano in quanto eguali e, di conseguenza, la democrazia è già implicita nel momento stesso dell'associazione. L'associazione cooperativa implica dunque a un tempo il *self-help* (e quindi la natura volontaria) [...], l'aiuto reciproco e la democrazia.

Di questi quattro principi, quello *caratteristico della cooperazione* è la democrazia[69].

Se Paul Lambert dava a questo nostro interrogativo un'esplicita risposta positiva, oggi noi non possiamo più accettare tale giudizio senza una rimeditazione e una rifondazione del concetto stesso di democrazia cooperativa, forti non di una discussione astratta, ma di un confronto empirico e concreto dell'esperienza di gestione con "l'utopia organizzativa" che la sovrasta e che può configurarsi, molto spesso, più che come falsa coscienza, come reale operare degli uomini all'interno dei sistemi.

È la stessa questione, del resto, che si posero i primi studiosi della cooperazione e che, di fatto, non risolsero sul piano propositivo: non elaborando cioè una strategia del cambiamento atta a superare le contraddizioni che volta a volta riscontravano nel loro indagare quella realtà associativa al suo sorgere. Così il Rabbeno descriveva i caratteri gestionali della cooperativa agricola di Cittadella nel 1889:

> Si tratta di una associazione cooperativa per la coltura della terra, il cui esempio, unico in Italia, è anche molto importante per il numero dei soci (credo sorpassi il centinaio), per l'estensione del terreno, e per la regione, infeudata alla grande proprietà, in cui è sorta: mentre è pure notevole l'organizzazione democratica cui è informata e per la quale la direzione della coltura appartiene principalmente all'assemblea generale delle famiglie, cui parteciparono anche le donne[70].

Ma se tale "democrazia" delle nascenti "nuove unità economiche" si poteva concepire come facilmente fattibile allorquando essa si innestava senza soluzioni di continuità su preesistenti rapporti sociali con essa coerenti, appariva invece come forza "atipicamente" rinnovatrice quando si presentava, nel paese "capitalistico per eccellenza", come "essenza della cooperazione [...] ["essenza" che non risiedeva] nel processo del capitale da parte dei

---

[69] Lambert R., *Explications sur la doctrine coopérative*, cit., pp. 285-286.

[70] Rabbeno U., *Le società cooperative di produzione*, cit., pp. 297-298.

lavoratori, ma – affermava il Walker nell'edizione newyorchese del 1876 del suo *The Wages Question* – nell'esercizio dell'impresa da parte dei lavoratori"[71].

Una democrazia non delegata o rappresentativa, quindi, ma diretta e funzionale all'esercizio e al controllo delle unità produttive e all'intervento cosciente dei lavoratori, soci e gestori del processo lavorativo nel medesimo tempo. L'eliminazione degli "intermediari" tra capitale e lavoro, e diremmo noi, tra lavoro esecutivo e lavoro direttivo, era, secondo Walker, il fondamento stesso dell'esperienza cooperativa.

Non v'è dubbio, tuttavia, che tali entusiasmi per una democrazia diretta dagli umori rousseauiani e comunardi dovevano (o avrebbero dovuto) ben ridimensionarsi a fronte di ben più avvedute indagini. Da esse, per usare le parole dello stesso Rabbeno (fedele sino in fondo all'imperativo della probità scientifica pur nella simpatia profonda con le esperienze di democrazia agraria e familiare *sub-specie* cooperativa prima ricordate), risultava che

> in fatto di difficoltà d'ordine morale e intellettuale, ben più grave, in teoria come in pratica, e quella sulla quale tutti si trattengono più a lungo e più seriamente, è quella della direzione: difficoltà che si presenta sotto diversi aspetti, ed esige qualità speciali non in alcuni pochi, ma in tutti i soci: poiché si tratta non solo di trovare un buon direttore, ma di poterlo conservare, e bisogna che gli altri si lascino dirigere da lui, e che si riesca a dare stabilità e organizzazione alla direzione dell'impresa[72].

Il che era affermare in effetti che tutta la retorica della democrazia diretta era destinata a scontrarsi non soltanto con quanto il Thornton affermava nel suo *Del lavoro, delle sue pretese e dei suoi diritti*, ovvero:

> È ridicolo il pensare che si voglia attuare nell'associazione una direzione plurale, collettiva, e che l'associazione deve, come qualunque società di capitalisti, provvedere al proprio governo[73].

---

[71] Walker F.A., *The Wages Question*, New York 1876, p. 265.

[72] Rabbeno U., *Le società cooperative di produzione*, cit., p. 470.

[73] Thornton G., *Del lavoro, delle sue pretese e dei suoi diritti*, Firenze 1875.

Ma anche con l'evidente manifestazione della legge del dominio di una minoranza organizzata e competente su una maggioranza disorganizzata e ignara non delle regole del proprio mestiere, ma delle tecniche della direzione degli uomini. Poiché proprio questa era l'essenza della questione: il "sottomettersi all'autorità del gerente". Sottomissione tanto più necessaria quanto più ci si avvedeva della necessità dell'autorità. A questo proposito affermava il Cherbuliez:

> Perché la società funzioni bene è necessario che questi ne abbia [di autorità] moltissima, è necessario che sia un vero dittatore o quasi! E se si accetta una tale autorità, sfuma buona parte di quella libertà che i soci speravano di conquistare colla associazione[74].

Cosicché poteva ben risorgere il sospetto, che nel Thiers era certezza, che, in tal caso, i soci nulla di diverso avrebbero trovato nella cooperazione, sino a preferire il precedentemente abbandonato rapporto salariato con il "padrone".

Dinanzi a simili posizioni, che si presentavano come una sorta di speculare negazione delle utopie della democrazia diretta, aveva buon gioco il Rabbeno nel ricordare che simile polarizzazione concettuale non aveva ragione di esistere. Era la stessa realtà cooperativa, così come si stava svolgendo sotto gli occhi degli osservatori sociali, a confermarlo e a offrire una soluzione forse troppo empirica ma ricca indubbiamente di ammaestramenti.

> Al che si risponde, dai fautori della associazione – affermava infatti il Rabbeno polemizzando con il Thiers – che un direttore, per quanto autorità abbia, è sempre revocabile, dipende sempre dalla associazione, e poi non si appropria in alcun modo, come gli imprenditori, dei guadagni dell'impresa[75].

Dal rifiuto di ogni forma di delega l'accento si spostava, dunque, sui processi di controllo e di revocabilità delle cariche, co-

---

74 Cherbuliez A.-E., *La société*, p. 471.

75 Rabbeno U., *Le società cooperative di produzione*, cit., p. 472.

sicché dalla fede cieca nelle soluzioni palingenetiche si poteva passare alla riflessione sulla concreta attività cooperativa, con i problemi d'una democrazia, sì nuova e diversa da quella "formale" che si criticava, ma non per questo esente da problemi e da errori:

Le difficoltà che riguardano più specialmente l'impresa cooperativa sono [...] – affermava ancora Rabbeno – quelle di mantenere l'accordo fra i soci e fra questi e la direzione, di scegliere e organizzare opportunamente le forze di lavoro, di ripartire gli utili con un criterio che soddisfaccia in modo equo alle esigenze di tutti, e di impedire che l'impresa si snaturi e perda il suo carattere cooperativo[76].

È di grande interesse, a questo proposito, osservare che questi problemi furono affrontati, dai primi studiosi di "cose cooperative", con grande chiarezza e linearità, con una lucida probità intellettuale esente dalle fumisterie ideologiche alle quali oggi si rischia di far l'abitudine tutti con troppa rilassatezza. Quei "liberali sociali" o quei "socialisti positivisti", se difendevano a viso aperto le nuove unità economiche, non ne nascondevano i naturali limiti, gli oggettivi condizionamenti che all'agire autodiretto degli uomini anche in esse si rivelavano.

Si rileggano oggi, ad esempio, queste limpide asserzioni del Rodino, scritte nel lontano 1886 e si mediti sul fatto che esse contengono verità elementari che ogni giorno dall'agire concreto degli attori sociali vengono riconfermate:

Atto più importante della società cooperativa di produzione è la nomina delle persone che debbono dirigerla. Il direttore è, nell'ordine intellettuale, ciò che la macchina è nell'ordine materiale, cioè l'anima dell'impresa, inquantoché da lui dipende il buon andamento, la buona riuscita della medesima. Deve perciò essere di provata onestà, affezionato all'associazione, istruito ad avere tattica commerciale [...]. V'è chi crede che ammettendo direttore della società un estraneo, questa perda il suo carattere democratico. È un'idea strana. L'unica

[76] Ivi, p. 501.

differenza tra il direttore operaio e il direttore ingegnere, o qualsiasi altro, sta nella maggiore retribuzione di quest'ultimo; retribuzione però largamente compensata agli operai dalla maggiore probabilità di riuscita dell'impresa sociale. L'operaio con ciò non cessa punto di essere proprietario dell'opificio, e di godersene gli utili[77].

E le divisioni e le ineguaglianze di status, non superate dalla pura e semplice qualità di socio (che non implicava e non implica di per sé la democratizzazione dell'esercizio di potere sugli uomini e sulle cose), venivano non feticisticamente negate e soppresse ma assunte come problema di gestione da risolversi nella selezione sì meritocratica ma esercitata su una base di uguaglianza nell'accesso alle informazioni e alle risorse che garantivano la regolazione e il controllo del sistema cooperativo:

> La società di produzione è anche scuola eccellente di istruzione intellettuale. Gli operai adunati in assemblea, nelle conversazioni, spiegano, commentano, discutono sugli interessi sociali, e vengono così a conoscere il meccanismo della produzione, ad acquistare capacità tecnica e commerciale, che li può condurre a far parte del comitato sindacale, del consiglio d'amministrazione, e anche a coprire il posto di direttore[78].

Una conclusione, questa, che se bene esplicitava il dettato sansimoniano che Luigi Rodino aveva posto in apertura alla sua opera ("A chacun suivant sa capacité. A chaque capacité suivant ses oeuvres"), non poteva non essere la materialistica indicazione di un fenomeno costante dell'agire associato cooperativo che, dallo sviluppo del medesimo, lo scienziato non poteva non evincere.

In effetti il grande contributo intellettuale di questi primi studiosi consiste nel disvelare i conflitti, i contrasti e le tensioni che provocano la rottura di quell'universalismo solidaristico che è il nocciolo profondo del mito cooperativo, non per negarlo *tout*

---

[77] Rodino L., *Le società cooperative di produzione nelle industrie*, Novara 1886, pp. 102-103.

[78] Ivi, p. 115.

court, ma per darcene una visione non ideologica, non angustiata dai processi della falsa coscienza. Era la conclusione, del resto, alla quale giungeva Claude Vienney cinquanta e più anni dopo in un'opera che forse ancora non è stata valutata appieno nella sua importanza analitica: ci riferiamo a *Vers une analyse économique du secteur coopératif* e a questa illuminante asserzione:

> Dall'analisi economica dell'evoluzione cooperativa, si giunge quindi alla conclusione generale essenziale che la semplice espansione delle imprese – di qualsivoglia tipo – non apporta soluzioni ai problemi che militanti, responsabili e teorici intendono contribuire a risolvere con la loro esperienza. In realtà, la scoperta di un pensiero cooperativo in grado di servire da guida efficace all'azione, è indissolubilmente legata all'adozione di un metodo destinato, secondo l'espressione di François Perroux, a far vedere i conflitti, e a mostrare come sia possibile superarli[79].

Uno dei primi ostacoli da superare per far divenire realtà quei principi democratici (con quale intensità essi debbano inverarsi è qui fuori luogo discutere), non può non essere quello della partecipazione dei soci all'attività sociale: se manca questa neppure il motto sansimoniano del Rodino ha cittadinanza e il sistema organizzativo cooperativo, che dovrebbe essere informato ai principi ricordati dal Lambert, perde i suoi caratteri di "alterità" e di contrapposizione con quello monocratico che caratterizza l'impresa non cooperativa.

È interessante, a questo proposito, e particolarmente salutare per il nostro paese, ricordare i caratteri della grande fioritura di studi che (su questo tema) caratterizzarono gli anni Cinquanta in Europa. Abbiamo presenti, soprattutto, l'inchiesta "pilota" di Desroche sulla democrazia cooperativa in Inghilterra, le inchieste estensive di Ostergaard, Halsey e Banks sullo stesso tema, la ricerca di Lacroix sulle cooperative di consumo di Lorraine, quella di Sohet su Charleroi, le ricerche di Meister

---

[79] Vienney C., *Vers une analyse...*, cit., p. 287.

e Desroche (che sono già divenute dei classici) sulle comunità di lavoro parigine e sulle associazioni cooperative nell'ambiente rurale, le riflessioni teoriche acute e stimolanti di Infield e di Cole.

Furono anni, quelli, nel corso dei quali, in primo luogo in Inghilterra e in Francia, ma anche nei Paesi Bassi, ci di interrogava continuamente sul problema che ora ci interessa: varrà dunque la pena tentare di dar qui una rapida sintesi dei risultati di quegli studi che, a parer nostro, segnarono l'acme di una riflessione degli scienziati sociali, della comunità scientifica, sulla cooperazione, che da allora non è più stato, non dirò raggiunto, ma neppure sfiorato.

In primo luogo occorre sottolineare la novità che essi rappresentarono, segnando il passaggio da un'ottica di tipo giuridico-formale (ben esemplificata dall'inchiesta "sull'applicazione dei principi di Rochdale" condotta durante le due guerre mondiali dall'Alleanza cooperativa internazionale) che metteva a confronto dettati statutari anziché comportamenti degli attori sociali, a un'ottica improntata appunto alla valorizzazione dello studio di questi ultimi.

Si può dire, a questo punto, che da tutte le ricerche svoltesi negli anni Cinquanta in Europa, in paesi cooperativisticamente ben più evoluti del nostro, si possono trarre delle indicazioni sostanzialmente omogenee. Esse sono: un alto indice di assenteismo nel processo della partecipazione alle decisioni; aumento di tale assenteismo nei settori della cooperazione di consumo, a fronte di quelli di produzione; una caduta della partecipazione direttamente proporzionale alla crescita dimensionale, sia nel consumo, sia nella produzione. Crisi di partecipazione, dunque, e quindi crisi della democrazia cooperativa in quanto partecipazione alla gestione dell'impresa.

L'elemento forse più interessante che emerge dalle analisi sopra ricordate è quello lucidamente indicato da Meister e che Vienney, discutendo su di esso, ha così ben sintetizzato:

Considerando le cose con una certa distanza, è la riuscita economica del gruppo che sembra provocare il suo deperimento come gruppo sociale originale[80].

Meister, infatti, individua nello sviluppo storico della cooperazione tre fasi o tappe successive caratterizzate dall'ascesa verso l'obiettivo del successo economico e insieme dal decremento della partecipazione: la lotta per la "conquista" d'un ruolo autonomo nel tessuto economico sociale, caratterizzata da un alto grado di solidarietà e di democrazia; il "consolidamento" del sistema organizzativo, con la nascita della tecnocrazia; la "collaborazione", ovverosia l'adeguamento ai valori dominanti l'ambiente economico e sociale circostante, adeguamento direttamente proporzionale alla crescita dell'apatia e della non partecipazione.

Insomma, per dirla con termini che nel corso di questo lavoro abbiamo spesso usato, il passaggio dalla "resistenza" allo "sviluppo" o dalla "conservazione" all'"adattamento" segna anche il passaggio dalla democrazia all'oligarchia, con la perdita di quei valori di controllo e di limitazione del potere delle élite che tanto affascinavano i primi studiosi della cooperazione.

I termini della questione sono stati sintetizzati con grande chiarezza da Vienney partendo da una constatazione di tipo storico e da una di tipo sociologico. La prima consiste nell'affermare che nel corso d'una evoluzione durata più di centocinquant'anni i tratti dominanti del movimento cooperativo europeo si sono venuti a configurare come segue. Specializzazione delle funzioni economiche, cristallizzatesi nei diversi tipi di cooperative; adozione di criteri economici di giudizio per valutare l'azione dell'impresa cooperativa; "istituzionalizzazione" dell'impresa cooperativa come "tipo" d'impresa compatibile con i settori non cooperativi. Ma alla precedente constatazione Vienney ne accompagnava un'altra, inerente alla prassi decisoria in atto nelle grandi organizzazioni cooperative, e frutto di una riflessione e

---

[80] Vienney C., *Vers une analyse...*, cit., p. 153.

una generalizzazione non arbitraria realizzata sulla base dell'esame di molte analisi empiriche.

Chiunque abbia presente il dibattito in corso nella cooperazione sull'autogestione non potrà non ritrovare, in questa verità vecchia di quasi quarant'anni, tutti i termini ora in discussione. Lo spunto per tale generalizzazione era fornito dallo studio delle procedure decisorie assembleari:

Nondimeno, anche dopo la decentralizzazione e nonostante le informazioni fornite dalle grandi società, i problemi affrontati nelle assemblee restano relativamente lontani, giacché il membro della società, che ha l'esperienza di un negozio, è indotto a discutere l'andamento di una società che ne raggruppa un gran numero: d'altra parte, i problemi non sono soltanto tanto più lontani quanto più è grande l'impresa, ma anche quanto più è *complessa*, e ciò conduce a stabilire un terzo legame tra la crisi di partecipazione e l'evoluzione delle cooperative, che questa volta riguarda i nuovi metodi di conduzione. In realtà, per i membri, questi metodi, analoghi a quelli delle altre imprese, conducono a un tipo di gestione caratterizzato dall'approvazione (o la critica) a posteriori del documento. Da una parte, si tratta di una gestione passata, sulla quale, di conseguenza, può sembrare indifferente trovarsi d'accordo o no: d'altra parte, questa gestione viene giudicata con criteri che *non hanno rapporti diretti* con l'esperienza quotidiana dei partecipanti. Ci troviamo di fronte alla conseguenza dell'*imitazione* di quelle stesse istituzioni alle quali i cooperatori si oppongono; in larga parte, d'altronde – e questo era già presente nei progetti originari, nonostante sia stato sottolineato soltanto più tardi – la democrazia cooperativa resta una democrazia di *azionisti* piuttosto che una democrazia di *utenti* (lavoratori o consumatori). In origine, nelle piccole imprese, lo scarto poteva non manifestarsi, giacché i membri erano interessati da una gestione che restava vicina a loro; ma, una volta affidata per ragioni di efficienza a una équipe di tecnici, il controllo democratico poggia su una base troppo fragile[81].

È indubbio che tali considerazioni porrebbero in discussione il fondamento stesso della struttura organizzativa cooperativa così come essa s'è cristallizzata, più che nella realtà, nell'ideo-

---

81 Ivi, pp. 206-207.

logia degli attori sociali. Verrebbe meno, in sintesi, la socializzazione e la gestione mutualistica, per usare le parole di Desroche,
"des avoirs, des pouvoirs, des savoirs, des vouloirs"[82].

Un filone di ricerca essenziale per verificare questa mancata
unificazione delle funzioni citate sarebbe senza dubbio lo studio
dell'organizzazione del lavoro. Enzo Maria Tacchi, in un breve ma
interessante contributo sulla questione oggetto del nostro più generale discorso, propone questa variabile come una tra quelle che possono essere decisive per verificare l'alterità della struttura organizzativa da quella dell'impresa capitalistica e sottolinea l'importanza
di fattori quali le tecnologie produttive, i processi di formazione e
di acculturazione, l'omogeneità o la non omogeneità professionale.

Del resto bisogna sottolineare il fatto che è forse erroneo e
fuorviante, in un periodo così ricco di trasformazioni nelle imprese capitalistiche come quello che stiamo vivendo attualmen-
te, continuare in una sorta di visione polarizzata delle culture e
delle strutture organizzative che sovrintendono e caratterizzano
la cooperazione e l'impresa privata. È lo stesso mutamento sociale e culturale a porre in discussione questa visione così rigida.
Infatti concordiamo con Tacchi quando indica come terreno
più proficuo di analisi quello dell'"estensibilità di tal uni modelli
tipici della cooperazione ad altre strutture economiche", ricordando a questo proposito che

> alcune recenti tecniche di intervento organizzativo [...] tendono a
> rendere operativi quegli interventi sul sistema informale che nella
> cooperativa vengono da sempre attuati. L'adozione di criteri organiz-
> zativi propri della logica dei sistemi, la ridistribuzione dei poteri e la
> progressiva perdita di importanza [...] delle tradizionali distinzioni
> tra *staff* e *line* sembrerebbero suggerire ulteriori possibilità di contatto
> tra la sociologia industriale e le tematiche che da sempre sono proprie
> della sociologia della cooperazione[83].

---

[82] Desroche H., *La gestion des coopératives*, "Informations coopératives", 1976, n. 3.

[83] Tacchi E.M., *Aspetti organizzativi dell'impresa cooperativa*, "Studi organizzativi", 1978, n. 5, pp. 125-126..

Si apre, dunque, un immenso settore di analisi e di intervento, che non può essere certo affrontato in questa sede. Gioverà alla completezza del nostro discorso, tuttavia, sottolineare almeno l'importanza che in questo periodo storico assumono i modelli interpretativi, gli schemi di riferimento in base ai quali condurre le ricerche e proporre le trasformazioni organizzative nel contesto della socializzazione che deve realizzarsi, nel corso del mutamento, tra tutti gli attori a esso interessati.

L'importante è che tali strategie di ricerca e di cambiamento assumano in sé la rilevanza primaria dei conflitti e delle tensioni esistenti nei sistemi cooperativi. A questo proposito di grande interesse è il modello proposto da Desroche che, unitamente alle sue opere *Le développement coopératif, ses modèles et ses combinaisons* (Québec 1969) e *Mouvement coopératif et stratégie de dévoloppement* (Parigi 1964), costituisce senza alcun dubbio il punto più avanzato di riflessione sulla organizzazione cooperativa. Si tratta della delineazione di un "quadrilatero cooperativo" ai poli del quale starebbero i manager nominati (M), gli amministratori eletti (A), gli impiegati e i salariati (I), i soci e l'assemblea generale (S).

Partecipazione e autogestione in questa configurazione cooperativa – afferma Desroche – supporrebbero una comunicazione perfetta tra i quattro poli che potrebbe e dovrebbe essere promossa da un punto centrale A [l'animazione], secondo tutte le trame che questo schema propone: da S ad A e da A a S; da A ad M e reciprocamente; da M a I e reciprocamente; e in diagonale da M a S, da I ad A ecc. Le osservazioni raccolte dimostrano che le principali fratture di comunicazione si verificano: sia secondo una *frattura verticale* tra la parte tecnica dell'impresa e l'ossatura dell'associazione dando a questi due termini (parte tecnica e ossatura) tutto il loro peso specifico; sia secondo *una frattura orizzontale* fra una coalizione dirigente (M + A) e una popolazione sia operaia (I) sia utente (S) coalizzata e non coalizzata[84].

---

84 Desroche H., *Autogestione, partecipazione e associazionismo cooperativo*, in Bellasi P., La Rosa M., Pellicciari G. (a cura di), *Fabbrica e società. Autogestione e partecipazione operaia in Europa*, Milano 1972, p. 230.

Si tratta senza dubbio di ipotesi che vanno volta a volta verificate tenendo conto di tutte le variabili (dalla dimensione alla tecnologia) che intervengono nel condizionare o nel determinare tali "crisi di partecipazione" (o "di comunicazione" per usare il termine di Desroche, dove il sapere e l'informazione sono il prerequisito dell'autogestione). E questo è tanto più vero quanto più si estende l'analisi interrogandosi su problemi di ordine più generale: ovvero sia, per continuare a ispirarci al saggio già citato di Desroche, alla possibilità che, accanto al "diritto alla partecipazione", emerga e s'affermi sempre più una sorta di "diritto alla non partecipazione"[85].

Tesi non paradossale, ma a parer mio, tanto attuale da essere assunta come problema fondamentale d'ogni progetto di democratizzazione delle decisioni, si presenti esso a proposito delle cooperative o di qualsivoglia altro settore della società civile e del sistema politico.

Tale discorso, insomma, troverebbe una sua validità nel fatto che anche nella cooperazione, raggiunta l'ultima "fase" del suo sviluppo, crescerebbe la tendenza a esaudire le motivazioni personali al di fuori del lavoro professionale. Tutto ciò, secondo Desroche, è sempre meno confutabile, soprattutto quando questo lavoro professionale comporti anche l'amministrazione, o meglio, la co-amministrazione dell'impresa cooperativa.

Corresponsabilità che può essere assunta soltanto con forti motivazioni d'ordine ideale non monetizzabili e non generalizzabili tra la totalità degli agenti sociali. In questo senso un numero molto più grande di coloro che a tale corresponsabilità si sottopongono cercheranno la fine o la limitazione di ogni alienazione, anziché nella partecipazione alla gestione, nella diminuzione di quest'ultima, della durata del lavoro e l'estensione di quel tipico spazio di vita non partecipativo ch'è il tempo libero. Sentiamo già gridare allo scandalo, alla provocazione e al qua-

---

85 Ivi, p. 246.

lunquismo politico e culturale: come? Proprio ora che tutti in Italia sentono la necessità di "partecipare", "contare", "decidere" ora che, per usare il frasario in uso, si affermerebbe la "socializzazione della politica", si osa affermare che "la gente" non vuole contare, non vuol decidere? È pur vero, si confessa, che molti dei nuovi "organismi di base" sono in crisi profonda. Ma non è forse giunto il momento di riflettere sulle cause di ciò? Il movimento cooperativo italiano, pur con ambiguità e talvolta, ma raramente, con reticenze, sta conducendo, a parer mio, questa riflessione. Occorrerebbe, tuttavia, meditare sul fatto (senza dubbio drammatico e sconsolante, ma non paralizzante per chi voglia agire per instaurare reali processi di *controllo* sulle decisioni dei rappresentanti da parte dei rappresentati), che anche la concentrazione del potere in poche mani, esperte o non esperte poco importa per il tipo di ragionamento che qui stiamo conducendo, sembra che sia una oggettiva e naturale tendenza dell'agire sociale, tanto più in sistemi complessi.

Tornando a fiorire nei movimenti politici d'avanguardia l'ideale della democrazia diretta – ha affermato con la consueta semplice, elementare, lucidità, Norberto Bobbio – uno sguardo più spregiudicato alla formazione, alla trasmissione e alla tendenza verso la concentrazione del potere in qualsiasi società, come quello che ha dato origine alla dottrina della classe dirigente, può servire da antidoto, da freno e da salutare risveglio [...]. Dall'affermazione generale circa i gruppi minoritari sono nate le analisi del Michels sui partiti politici, e la formulazione della legge della degenerazione oligarchica delle democrazie, di fronte alla quale l'onere della controprova spetta se mai ancora, dopo tanti anni, a coloro che non l'accettano[86].

Può, la cooperazione, accettare la sfida e accingersi a formularla, questa controprova?

[86] Bobbio N., *Saggi sulla scienza politica in Italia*, Bari 1977, p. 252.

Analisi empiriche e necessità di nuove ricerche
per il cambiamento organizzativo

È indubbio che una prima risposta a questa domanda può sorgere spontanea, ricordando gli esiti delle importanti ricerche inglesi e francesi da noi prima sintetizzati. Essa sarebbe, tuttavia, fuorviante. Non tanto per i suoi contenuti, e le sue acquisizioni, a parer nostro irrinunciabili e di carattere universalistico. Non di questo si tratta, infatti, ma del problema dell'assunzione di tali conclusioni scientifiche all'interno del dibattito cooperativo e della strategia di cambiamento ch'è oggi in atto nel movimento italiano.

La verità di una teoria non conduce immediatamente all'adeguamento degli agenti sociali ai comportamenti da questa indagati e razionalizzati in un sistema di conoscenze. Può invece, stimolare tali agenti sociali al superamento e alla negazione dei suoi assunti, in una tensione continua tra le tendenze riscontrate e l'azione di coloro che a tali tendenze intendono opporsi. Tale tensione, insomma, potrebbe definirsi come la lotta tra gli esiti delle analisi empiriche e la necessità di nuove ricerche per promuovere un cambiamento organizzativo che avvicini sempre più alla realtà il lontano obiettivo dell'autogestione.

Una lotta che è anche e che è stata anche oscillazione continua tra i due poli della "riforma" del processo lavorativo e dell'esplosione del conflitto. Basterà ricordare qui due esempi famosi a questo proposito: l'abolizione del cottimo magnificata dal Luzzatti nel 1902 in occasione dell'inaugurazione dei nuovi laboratori della cooperativa milanese per la fabbricazione delle aste dorate, il contrasto sociale insorto tra direzione e personale nel periodo del grande sviluppo cooperativo prima dell'avvenuto della dittatura fascista.

Qui, nel solidalizio delle aste dorate – affermò Luzzatti – si è abolito il lavoro a cottimo, perché il cooperatore educato agli stenti, cresciuto nel sacrificio, che aveva messo tutto il suo cuore nel sodalizio, non aveva bisogno degli stimoli, degli eccitamenti del cottimo per trarre dalla sua opera tutto l'effetto salutare di cui era suscettibile. Il cottimo può essere uno stimolo, un impulso, laddove vi è lotta, dissidio o divergenza tra il capitale e il lavoro [...]. Nella cooperativa questo problema è stato risolto perfettamente. Dal momento che non è più il capitale che domina il lavoro, ma il lavoro che ha attratto e assorbito il capitale, il lavorante nel salario, nel profitto finale, nel fondo di riserva, nel fondo per la vecchiaia ritrova tutto ciò che si è guadagnato. L'intensità del suo lavoro è tale che non ha bisogno dello stimolo del cottimo il quale sarebbe un atto di diffidenza contro la fede tenace del cooperatore[87].

Il brano di Luzzatti è indicativo soprattutto perché esplicita con grande chiarezza un motivo dominante dell'ideologia cooperativa nei confronti del lavoro organizzato: lo scorgere nella tensione morale e nella socializzazione proprietaria su scala d'impresa la causa fondamentale delle trasformazioni e delle "riforme" dei sistemi uomo-macchina-tempo e ritmo di lavoro, eludendo semplicisticamente il problema di quanto fosse e sia decisivo, a questo fine, per esempio, il lavorare su commessa, il disporre di un determinato tipo di forza lavoro complessa ecc.

Insomma, la soluzione della separatezza tra esecutori e dirigenti, tra gestione del proprio mestiere e controllo sociale sull'intero sistema organizzativo era individuata (comprovando, del resto, l'analisi di Meister) nel superamento della separatezza, appunto, tra "capitale" e "lavoro" garantita dalla socializzazione degli utili e dalla solidarietà nei confronti di un ambiente economico nel quale ancora non s'era trovata legitimazione.

L'esperienza della sindacalizzazione del personale delle cooperative, di lì a pochi anni, dimostrò, già allora, che tale "superamento" poteva essere soltanto illusorio. Ma la "dimostrazione" non fu, ancora una volta, diretta a disvelare le aporie di una filosofia solidaristica che sarebbero emerse dall'analisi del concreto svolgersi lavorativo e di gestione dell'organizzazione del lavoro

---

87 Luzzatti L., *I problemi della cooperazione di produzione e lavoro*, in Basevi A., *Luigi Luzzatti cooperatore*, cit., pp. 104-105.

manuale. Fu piuttosto diretta a illuminare, questa volta in modo demistificante la reale dimensione che quella "socializzazione proprietaria", quell'"assorbimento del capitale nel lavoro" veniva via via assumendo nello sviluppo dell'unità economica.

Significativo il fatto che tale sviluppo andava di pari passo con la necessità di incorporare nel sistema cooperativo la funzione del sindacato come sinonimo di regolazione sociale e di attore che garantiva il rispetto del patto sociale.

Queste vertenze – affermavano Riguzzi e Porcari discorrendo dell'emergere dei conflitti sociali nell'ambiente cooperativo – avvenivano però tra le cooperative e il loro personale generalmente disorganizzato. Quando sorsero nei centri più importanti le organizzazioni sindacali tra il personale dipendente delle cooperative, e un sindacato italiano aderente alla Confederazione generale del lavoro, l'iniziativa, se pure destò qualche timore, fu vista di buon grado dagli stessi esponenti del movimento cooperativo [...]. Anche la cooperazione [...] italiana entrava [nel primo dopoguerra] nella fase della regolamentazione di propri rapporti coi sindacati del personale, rapporti che più tardi si sarebbero definiti colla applicazione di norme precise che avrebbero tenuto conto del comune interesse[88].

Il riferimento esplicito è, senza dubbio, al convegno nazionale che la Confederazione generale del lavoro tenne a Milano nel marzo del 1921, convegno a cui parteciparono anche i rappresentanti della Confederazione dell'impiego privato e nel corso del quale si convenne di adottare, nei confronti delle cooperative, metodi di lotta diversi da quelli in uso nelle imprese private. È indubitabile comunque che, per lo sviluppo dimensionale, per l'aumento delle percentuali dei non soci lavoratori rispetto ai soci, per "i vincoli di solidarietà da cui sono legate al movimento generale della classe lavoratrice", il problema di riconoscere il conflitto come una delle variabili di fondo del sistema organizzativo cooperativo, diveniva sempre più inderogabile.

---

[88] Riguzzi B., Porcari R. *La cooperazione operaia*, cit., pp. 91-92.

L'irreggimentazione e la burocratizzazione fascista interruppero questo processo di autoconsapevolezza e di espansione della dinamica sociale all'interno delle imprese cooperative, anche se tuttavia si continuò a riconoscere, a riprova di quanto fosse ineludibile tale questione, piena cittadinanza al sindacato fascista nell'organizzazione del personale. Ma, come è noto, all'istituzionalizzazione del conflitto non corrisponde la sua libera manifestazione, secondo quanto era connaturato alle caratteristiche di dittatura di classe del regime reazionario di massa.

Abbiamo già sottolineato quanto sia stata negativa per lo sviluppo della cooperazione l'esperienza fascista. Gli impegni di ricostruzione, gli sforzi diretti a difendere il patrimonio (che faticosamente si andava ricomponendo) nei confronti dell'offensiva della destra democristiana negli anni Cinquanta, fecero sì che il movimento cooperativo ripiombasse, per usare le categorie di Meister, dalla "terza fase" alla quale era giunto nel periodo prefascista, nella "prima fase" del suo evolversi, contrassegnata da ostilità dell'ambiente e da alta solidarietà a predominanza politica nel sistema organizzativo.

È sul finire degli anni Sessanta, contemporaneamente a quanto accade per i problemi dell'efficienza economica, che i problemi della gestione democratica dell'impresa iniziarono a porsi in termini moderni, ovvero similmente a come si presentarono alla comunità scientifica e cooperativa nell'Europa degli anni Cinquanta grazie agli studi inglesi e francesi.

Si iniziava, insomma, a superare quel periodo dello sviluppo cooperativo che Carlo Marletti ha acutamente sintetizzato, studiando sì le cantine sociali, ma formalizzando teoricamente tuttavia alcuni processi organizzativi tipici della cooperazione nelle sue prime manifestazioni:

[si] dà luogo – ha affermato – a una interazione di carattere strumentale (alla quale, però, [...] si sovrappongono numerosi contenuti espressivi), allo stesso modo dell'azienda industriale. Essa [la cooperativa] conserva però una caratteristica comune con l'azienda fami-

liare tradizionale: e cioè il rapporto con il contesto comunitario, che invece tende a scomparire nell'azienda industriale moderna, la quale, anziché recepire relazioni già esistenti nel seno della comunità-ambiente, tende addirittura a rimodellarla e a presentarsi come fonte di nuove relazioni sociali[89].

Questa affermazione è solo apparentemente contraddittoria con le categorie di Meister (prima fase uguale ad alterità solidaristica nei confronti dell'atomizzazione mercantile circostante): nell'analisi dello studioso francese l'accento è posto infatti sui comportamenti espressivi e sulle strutture di solidarietà che cederebbero il posto via via a quelle d'interesse, adeguandosi all'ambiente.

Poniamo ora l'accento, invece, sì sugli input che vengono dall'esterno, ma soprattutto sul fatto che mano a mano che si passa nella cooperativa dalla solidarietà meccanica a quella organica, essa può iniziare a porsi come fattore organizzativo autonomo nell'ambiente popolato dagli attori economici non cooperativi, anziché esserne condizionata. In che modo? Innanzitutto, e qui parliamo di processi organizzativi, utilizzando la stessa solidarietà organica e le stesse strutture d'interessi per elaborare un progetto diverso da quello vigente nell'impresa capitalistica.

Cosicché l'adeguamento inevitabile all'ambiente non venga esorcizzato ideologicamente ma diventi il campo di sperimentazione per un'azione che tenda alla "democratizzazione organizzativa". In questo senso anche l'impresa cooperativa, come l'impresa capitalistica, tende a "presentarsi come fonte di nuove relazioni sociali" spezzando ogni legame con forme arcaiche e non perennemente perseguibili di solidarietà.

Un importante passo avanti nella direzione della costruzione di questa nuova tipologia organizzativa (che i cooperatori identificano con l'autogestione) è senza dubbio quello realizzato rendendo trasparenti i conflitti d'interesse, legittimando l'azione sindacale all'interno delle cooperative:

---

89 Marletti C., *Sviluppo e struttura...*, cit., p. 195.

Il problema sorge nel rapporto con i sindacati per quanto riguarda la lotta sul terreno economico. I soci possono essere iscritti ai sindacati? – si è domandato Stefano Cingolani. A che fine se non sono salariati in senso stretto, cioè meri venditori di forza lavoro? Innanzitutto [...] c'è la stessa remunerazione del socio: poiché essa viene basata sul contratto collettivo di lavoro, gli interessi sul piano economico, sono collegati a quelli di tutti i lavoratori. D'altronde esistono problemi riguardanti le condizioni di lavoro (ambienti, ritmi, organizzazione del lavoro ecc.) comuni ai soci e agli operai non soci della cooperativa, come alla maggior parte della classe operaia italiana[90].

Il che equivale a evidenziare, come ha lucidamente fatto Romagnoli, che la categoria del salario è una costante.

La categoria salario è una costante storica dell'evoluzione legislativa delle cooperative di produzione e lavoro, è cioè il criterio legislativo di valutazione dell'apporto del socio alla produzione del reddito aziendale[91].

Simile "trasparenza" ha, infatti, un'altra conseguenza immediata: la necessità di riconoscere l'esistenza di rapporti di potere e di autorità all'interno della cooperazione, con situazioni deprivilegiate e conflittuali che non possono essere eluse se si vuole realisticamente affrontare il problema della partecipazione e dell'efficienza cooperativa.

L'universo solidaristico diviene in tal modo un arcipelago di conflitti e compito di una strategia razionalmente diretta a contemperarli diventa quello non di pensare utopisticamente di superarli una volta per tutte (il sindacato, del resto, rimarrebbe a ricordare che questo superamento è pur sempre parziale), ma di assumerli come elementi essenziali del processo di gestione.

Che questo sia verificabile, lo comprovano alcune analisi di grande interesse realizzate recentemente. Ci riferiamo a quelle

---

[90] Cingolani S., *Il settore di produzione e lavoro*, in AA.VV. *L'autogestione in Italia. Realtà e funzione della cooperazione*, Bari 1975, p. 111.

[91] Romagnoli V., *Atti del convegno sull'impresa cooperativa*, Bologna 18 dicembre 1976, mimeo, SIP.

di Rodolfi e Romei sulla Cooperativa di costruzioni in falegnameria di Savignano sul Rubicone (Forlì) e di Carboni su otto cooperative di produzione e lavoro nelle Marche.

Nel lavoro di Rodolfi e Romei, per esempio, si evidenzia immediatamente che i cooperatori avrebbero una concezione sansimoniana della partecipazione (che avrebbe riempito di gioia il Rodino):

Se è infatti vero che tutti hanno, in un'azienda cooperativa, un interesse comune – si afferma – non è altrettanto vero che tutti abbiano o debbano avere le stesse conoscenze/capacità/disponibilità; cioè le stesse competenze. Per questo è ingiusto chiamare tutti a pronunciarsi su problemi di cui non tutti, come accade nella normale realtà, hanno gli elementi conoscitivi sufficienti e il grado di competenza per prendere posizioni a ragion veduta. Anzi, questo può essere un grosso alibi per giustificare un immobilismo o una paura del rischio che in un'impresa, anche e specialmente se cooperativa, è inammissibile. Partecipazione alla gestione significa allora, per questi cooperatori, possibilità effettiva, per chi è interessato e/o competente, di determinare le decisioni relative ai problemi che lo riguardano direttamente. Questo è il significato esplicitamente annesso al concetto di partecipazione alla gestione dell'azienda[92].

Ma questa esplicita e positiva concezione della democrazia industriale non s'accompagna, nell'esperienza di Savignano, a una gestione del sistema che elegga a metodo fondante la separatezza tra esecutori e dirigenti. Una struttura informale, quale quella di una direzione operativa a carattere collegiale con la presenza continua dei responsabili delle divisioni funzionali, assicura infatti, secondo Rodolfi e Romei, la partecipazione dei membri della cooperativa alla gestione dell'impresa.

Sia attraverso comitati stabili inseriti in posizione di *staff*, sia attraverso l'elezione del consiglio di amministrazione e del presidente, che "debbono continuamente legittimarsi agli occhi della

---

92 Rodolfi E., Romei P., *Partecipazione ed efficienza nella gestione delle imprese cooperative: analisi di un caso e ipotesi di ricerca*, "Studi organizzativi", 1976, n. 4.

base per mantenere il consenso". Il consiglio di amministrazione, in tal modo, ratifica formalmente decisioni già assunte dalla maggioranza dei soci e dei lavoratori, limitandosi, in caso di diverse ipotesi, a scegliere tra le soluzioni alternative istruite e presentate.

A fronte quindi di una esclusività di competenza sul piano formale (per cui la decisione spetta solo al consiglio) si verifica una prassi di delega sistematica di tipo sostanziale, che consente di soddisfare le due istanze fondamentali che promanano dalla base: efficienza e partecipazione. La delega diviene così al tempo stesso fattore di efficienza, poiché la decisione è più rapida e congrua, senza rimbalzare verso l'alto: modalità effettiva di partecipazione, poiché sono i diretti interessati che affrontano il problema, a tutti i livelli, esercitando la loro competenza specifica, e determinando di fatto le decisioni relative[93].

Due altre questioni di grande interesse vengono affrontate nello studio sulla Cooperativa di costruzioni in falegnameria di Savignano sul Rubicone: quella della parcellizzazione del lavoro e quella del controllo organizzativo. La prima rimanda immediatamente, come notano del resto gli stessi autori dell'inchiesta, alla lettura dell'esperimento di Hawthorne così come l'ha effettuata Blumberg: accettata la parcellizzazione come fatto inevitabile, connesso alla specificità tecnologica e organizzativa dell'impresa, l'attenzione si è spostata sui tempi di lavoro, che da mezzo di sfruttamento del lavoro cooperativo sono divenuti strumento per la gestione programmabile e controllabile, essendo gli stessi lavoratori a indicare i tempi che si sentivano di poter rispettare e sui quali la gestione poteva essere impostata.

Il controllo, infine, è sì affidato ai capi, ma questi o sono direttamente eletti dalle squadre o sono nominati dagli organi direttivi eletti sulla base del merito e delle capacità professionali, senza dover quindi proporsi come mediatori istituzionali del conflitto, ma venendo identificati, invece, come detentori di un'autorità tecnica che legittima il controllo.

---

[93] Ibidem.

Assai diverse, quando non completamente contrastanti con le analisi di Rodolfi e Romei, sono le conclusioni a cui giunge Carboni nella sua citata inchiesta sulle cooperative marchigiane. In essa, afferma quest'ultimo studioso

si è rilevata la scarsa partecipazione dei soci alla direzione politica e tecnico-organizzata delle aziende. Questo dato può risultare come una conseguenza di una tendenza che, se nelle imprese più piccole si esprime nel crescente ruolo esercitato dall'organo sociale dirigente (consiglio di amministrazione) rispetto all'assemblea dei soci, in quelle di dimensioni maggiori si manifesta come delega degli organi sociali alle tecnostrutture. Nelle imprese cooperative di dimensioni rilevanti più spesso si riscontra un rafforzamento delle tendenze autoritarie poiché gli organi sociali collegiali (consiglio di amministrazione, assemblea dei soci ecc.) manifestano gravi carenze nel recepire informazioni e nel far circolare idee e, in base a quelle, nella capacità di dirigere. Soprattutto in queste cooperative, esperti e specialisti godono di un ruolo privilegiato nella gestione dell'impresa. La distinzione fra compiti di direzione e compiti di esecuzione non viene impostata in vista di una sua attenuazione[94].

In tali cooperative, infatti, gli esperti e gli specialisti diverrebbero sempre più il nucleo centrale della struttura organizzativa di grandi dimensioni: determinano l'impiego dei mezzi di produzione, stabiliscono la ripartizione e la natura della produzione, pur essendo una minoranza estranea alla produzione stessa. Sarebbero, insomma, una "nuova classe", o, se si vuole, la vivente conferma dell'ineluttabilità del dominio delle élite.

È chiaro che un rapporto di potere di siffatta natura non può che fondarsi sugli incentivi individuali per mantenere il consenso e su una rigida gerarchia per mantenere il controllo, snaturando l'essenza stessa dell'idea cooperativa.

La produzione – osserva ancora Carboni – cresce mediante l'accumulazione dei mezzi di produzione e trasformazioni tecniche che vengono decise verticisticamente dal personale competente: contem-

---

[94] Carboni C., *Indagine sulle cooperative di produzione e lavoro nelle Marche*, in *Atti del convegno sull'impresa cooperativa*, Bologna 18 dicembre 1976, mimeo, sip.

poraneamente, la questione di tendere a un mutamento del modo di produzione diviene un problema di *tecnica aziendale*[95].

La ragione delle difficoltà incontrate nell'applicazione dell'autogestione derivano, secondo questo autore, da un prevalente approccio economistico al problema ovvero sia dominato dall'assenza di ogni progetto capace di stimolare la discussione tra i soci sulla "finalizzazione cooperativa dell'economicità aziendale come elemento centrale della pratica dell'autogestione". La mancata contestazione dell'organizzazione taylorista del lavoro e l'introduzione di tecniche di gestione manageriali fondate sulla divisione dei ruoli, frutto della pressione esercitata dal mercato capitalistico, confermerebbero tale carenza progettuale alternativa. Sono motivi di riflessione autocritica, questi, molto importanti e che debbono configurarsi sicuramente come un problema costante, ma risolto una volta per tutte, del movimento cooperativo.

Non v'è dubbio, tuttavia, che allo stato attuale degli studi e delle riflessioni su questi temi, l'osservatore sociale che voglia procedere con criteri scientifici e quindi obiettivi si trova in grave imbarazzo e, pur propendendo, come nel nostro caso, verso una visione realistica (o pessimistica, se si vuole, per meglio intenderci) della questione, non può che sospendere il proprio giudizio. La questione è la seguente: è la cooperazione un sistema nel quale la legge delle élite s'infrange e s'invera, invece, con tutte le conseguenti riforme tecnologiche-organizzati ve, la partecipazione democratica alle decisioni (o l'autogestione), si attui essa nella forma della democrazia diretta o nella forma sopra illustrata della "delega sistematica di tipo sostanziale"? Una risposta a questa domanda, almeno per ciò che concerne l'Italia, non è ancora possibile.

È pur vero che al finire degli anni Settanta, quando ancora si discuteva di questi problemi, apparve un poderoso volume

---

[95] Carboni C., *Impresa cooperativa e autogestione. Ipotesi per un dibattito*, "Quaderni di sociologia", 1978, n. 1.

che raccoglieva il frutto di numerose ricerche su singole imprese promosse dall'Associazione nazionale delle cooperative di produzione e lavoro aderenti alla Lega e condotte da un gruppo di dirigenti e di amministratori di tale associazione, volume dal quale emergeva una visione affatto diversa da quella piena di perplessità e di dubbi che si evince da quanto abbiamo sinora detto:

La concezione dell'autogestione cooperativa – affermava infatti Fabio Carpanelli introducendo tale lavoro collettaneo – fondata sulla costruzione democratica delle scelte e degli obiettivi crea una situazione in cui le crescenti dimensioni aziendali e la complessità dei meccanismi di impresa, anziché un ostacolo, rappresentano un forte mezzo nelle mani dei lavoratori associati per orientare le stesse iniziative degli organismi del movimento cooperativo, e attraverso questi, con forza unitaria, per incidere nei processi di trasformazione della società. Pertanto l'autogestione cooperativa costruisce proposte e iniziative che collegano, a tutti i livelli, la partecipazione dei lavoratori al processo globale della programmazione dello sviluppo sociale ed economico[96].

Pur esprimendo profonde perplessità sulla scelta compiuta nel lavoro di preparazione del volume ("abbiamo preferito – si affermava ancora nell'introduzione – l'impegno diretto dei "quadri" cooperativi all'impiego di specialisti. Ciò può avere limitato lo spettro dell'analisi [...] ma ha allargato enormemente l'accesso ai dati diretti di gestione e all'esperienza"), non v'è dubbio alcuno che questa raccolta di studi costituisce un notevole passo innanzi nella riflessione sulla democrazia cooperativa.

Di ciò va dato atto all'Associazione e ai suoi dirigenti, respingendo ogni aristocratica tentazione di sottovalutare un lavoro serio e copioso che fa dimenticare l'agiografia, qua e là sempre presente in questi studi. Basterà qui ricordare almeno due dei problemi sollevati, o già dati per risolti o in via di soluzione, in questi studi su singole esperienze cooperative e che tanto peso hanno nel nostro discorso.

---

[96] Carpanelli F., *Introduzione*, in AA.VV., *L'autogestione nell'industria. Analisi di alcune esperienze di imprese cooperative in Italia*, Bari 1978, pp. 7-8.

Innanzitutto l'importanza che assume, per la gestione democratica del sistema, la variabile della tecnologia e del *mix* del prodotto. A questo proposito è esemplare l'esperienza della Cooperativa di macchine utensili WMT di Torino, così sintetizzata da Piero Pemigotti:

> La struttura e il tipo di produzione, la quasi unicità di presenza sul mercato danno alla Walfat [WMT] possibilità di sviluppo notevole senza ricorrere a momenti di produzione di media-grande serie. Quindi non è necessario adottare una organizzazione del lavoro parcellizzata e ripetitiva. Anzi, la produzione di *know how* ormai totalmente interna richiede dei grossi momenti di contatto e di affiatamento tra progettazione e produzione e marketing. A livello sovrastrutturale questo tipo di organizzazione del lavoro e questo tipo di possibilità di stare sul mercato, favoriscono una valorizzazione della professionalità operaia e una sua esaltazione nel ciclo produttivo. Di qui nasce la cultura Walfat, e si costruisce quel patrimonio di lavoro in comune, di cooperazione tra le maestranze, che sarà poi così prezioso e determinante per l'esperienza cooperativa[97].

Sarebbe assai interessante analizzare in che modo sia possibile, nella cooperazione, superare, attraverso esperienze di democrazia "microindustriale" la rigidità tecnologica e departecipativa di lavorazioni parcellizzate e ripetitive.

In secondo luogo sarebbe di notevole interesse verificare l'estensione, nelle cooperative, di quelle esperienze di *total management* che, già diffuse all'estero, sono forse il filone di riflessione più importante da seguire per fondare criticamente la partecipazione alla gestione dell'impresa cooperativa. Ci riferiamo alle esperienze realizzate ad esempio nella cooperativa Nova di Roma e nella Cooperativa muratori e cementisti di Ravenna.

> [Nella prima si erano costituite] commissioni di lavoro che affiancano il consiglio di amministrazione, sono nominate da questo su proposta dell'assemblea generale, hanno un ruolo di elaborazione e attuazione

---

[97] Pernigotti P., *La cooperativa di macchine utensili WMT di Torino*, in AA.VV., *L'autogestione nell'industria...*, cit., p. 14.

di programmi specifici [...] servono ad arricchire la vita democratica delle cooperative e anche a rafforzare tutti i momenti partecipativi più legati alla produzione[98].

Nella seconda, uno dei più imponenti complessi cooperativi europei, la questione della dimensione aziendale e della conseguente caduta della partecipazione era stata affrontata contestualmente al passaggio da una struttura funzionale a una divisionale decentrata che bene corrispondeva allo sviluppo dell'impresa. Si è realizzato in tal modo il "decentramento sociale", ovvero uno schema organizzativo fondato su: l'assemblea dei soci nei posti di lavoro; l'organizzazione di base (sezione dei soci, commissioni di cantiere e sociali degli impiegati); organizzazioni intermedie di settore e i consigli dei delegati; il consiglio di amministrazione.

L'obiettivo – affermano Giuseppe Belletti e Dante Bolognesi in un saggio di grande interesse – è quello di ribaltare il precedente modello, ove struttura sociale e struttura operativa avevano compiti e responsabilità specifiche secondo cui quella sociale delibera, controlla e delega poi a sua volta il compito di gestire realmente alla struttura operativa e in cui alla fine il gioco della non fiducia esaltava il momento del controllo, del rapporto non contestuale. È necessario ribaltare questo concetto, ricostruendo all'interno delle cooperative un'unità fra direzione, gestione e controllo, occorre che la struttura sociale sia sempre più operativa e la struttura operativa sia sempre più sociale, attraverso il decentramento delle strutture operative per evitare il pericolo dell'assoluto accentramento, ma anche dell'assoluta parcellizzazione dell'esecuzione e delle responsabilità, dare invece ai dirigenti, agli operai, ai tecnici, a tutti sempre la visione più complessiva delle cose; è un adeguamento che da una parte deve vedere interessata la struttura sociale ma dall'altra anche le strutture operative delle cooperative che devono sapersi decentrate, organizzarsi a diversi livelli e avere un rapporto fra di loro dialettico, sovrapposto[99].

98 Tombini L., *La Nova di Roma*, in AA.VV., *L'autogestione nell'industria...*, cit., p. 97.

99 Belletti G., Bolognesi D., *La Cmc di Ravenna*, in AA.VV., *L'autogestione nell'industria...*, cit., pp. 382-383.

Queste trasformazioni organizzative ci paiono essere la prima realizzazione concreta di aspirazioni già da tempo presenti nel movimento cooperativo e autorevolmente e coraggiosamente enunciate da alcuni dei suoi dirigenti. Esse sono la dimostrazione che, abbandonata ogni ipotesi mistificatoria di presentare la cooperazione come il luogo ideale delle strutture di solidarietà meccanica, il ripensamento sulla democrazia non può che attestarsi sul versante del riconoscimento della solidarietà organica che informa il sistema cooperativo quando esso raggiunge quel punto dello sviluppo nel quale trova legittimazione nel sistema politico e nei mercati economici, instaurando con l'ambiente un rapporto di convivenza, ma non di uniformità.

Per concludere: struttura organizzativa e struttura sociale

È giunto il momento di trarre, dal lungo percorso analitico tracciato fino a questo punto, alcune considerazioni conclusive.

Vorrei che esse fossero non di tipo astrattamente generale, ma consone, invece, a una implementazione operativa dell'analisi scientifica non ortodossa sviluppata in questo libro. Credo perciò che il momento saliente di riferimento a cui occorre far cenno per realizzare questo proposito sia quello di sottolineare ancora una volta gli elementi essenziali della distintività dell'impresa cooperativa rispetto all'impresa capitalistica.

Il primo di tali elementi è il rapporto tra la struttura produttiva l'organizzazione di gestione da un lato e la struttura sociale organizzativa dall'altro. Si afferma spesso che l'impresa cooperativa rende manifesta una separazione netta tra queste due strutture e che in ciò risiede la sua tipicità. Soltanto un intervento soggettivo di natura propriamente manageriale consente che non si produca una separazione tra di esse. In effetti, se si riflette sull'evoluzione dell'impresa cooperativa, ci si accorge che questa separazione, presupposta come costitutiva, è soltanto un fenomeno specifico e particolare di una fase della crescita dell'impresa.

Ipostatizzarne una sorta di natura costitutiva è dimostrare d'essere affetti dalle suggestioni di un "fantasma organizzativo". A ben vedere, infatti, nelle prime fasi di crescita dell'impresa (quando questa si è già autonomizzata dall'universo della resistenza e della lotta sindacale oppure da quello delle pura ricerca del bene scarso dell'occupazione in cui era precedentemente sussunta), le strutture produttive, gestionali e sociali non possono non coincidere.

Lo impone il rapporto e il circolo virtuoso che si instaura tra piccola dimensione e solidarietà altamente indifferenziata (meccanica) istituitasi tra i soci e le originarie e ancora non separate strutture direzionali: tra momento economico e momento sociale s'inserisce non una funzione gestionale, quanto il reticolo stesso alla base della istituzionalizzazione stessa della cooperativa.

Perché tutto non si tiene più meccanicamente e quindi "naturalmente" via via che l'impresa si confronta con i mercati dei beni, dei capitali, del lavoro? Si spezza il circolo virtuoso. Ciò appare chiaro solo che si pensi al fatto che essendo impossibile in una qualsivoglia organizzazione complessa l'autogestione (il controllo di tutto da parte di tutti), la partecipazione democratica su base meritocratica (il riconoscimento prima e l'elezione poi delle competenze professionali di cui si vuol mantenere il controllo delle prestazioni in base ai risultati), è un costo rilevante che si impone agli attori impegnati nella cooperativa.

Viene, in definitiva, instaurandosi un circolo *possibile*, e non più virtuoso: tra la formazione di una tecnostruttura impostasi per il crescente peso di risorse specializzate necessarie per gestire l'impresa e la partecipazione democratica che va volta a volta riconfermata. Il meccanismo che consente questa conferma è "l'istituzionalizzazione regolata" del conflitto organizzativo e sociale nella cooperativa, istituzionalizzazione garantita dal fatto che essa è società di persone e non di capitali.

Gli indicatori di questo conflitto possono essere vari. Le spinte della base sociale alla massimizzazione della distribuzione degli utili che si scontrano con la tendenza della tecnocrazia a reinvestirli per assicurare continuità all'organizzazione; la resistenza della base sociale alla conservazione della funzione occupazionale in vista di un superamento delle difficoltà contro la tendenza della tecnocrazia alla riduzione dei soci occupati e/o dei lavoratori assunti: questi sono tra gli indicatori più importanti, ma non i soli e altri se ne potrebbero aggiungere.

Il raggiungimento della solidarietà organica è condizione fondamentale per garantire l'equilibrio delle spinte contrapposte e il loro comporsi nella dinamica storico-concreta della presenza sui mercati perseguendo il profitto. Affinché tale solidarietà si raggiunga è indispensabile che, sia la massa critica delle competenze, sia la pressione della partecipazione, possano esercitarsi in modo continuo e sincronico.

Di qui l'impegno delle cooperative di più grandi dimensioni ed entrate nella fase della maturità – che si concreta nella continuità dello sviluppo e nella crescente differenziazione delle funzioni – per realizzare una nuova e più complessa congruità tra momento gestionale-economico e momento sociale.

A ben vedere questa tensione costante è una tipica versione (quella cooperativa, appunto) della legge dell'organizzazione industriale moderna qui individuata: l'esser caratterizzata dalla compresenza della specializzazione funzionale da un lato e dalla unificazione gestionale dall'altro, con tutte le conseguenze sul piano teorico e pratico che ne derivano.

In effetti la tipicità dell'impresa cooperativa risiede non in una astratta *virtus* culturale, quanto, invece, nella particolarissima forma con cui essa, in base alla sua ragione sociale, risponde ai compiti dettati a tutte le unità produttive dalla crescita dimensionale e dalla predisposizione delle *performance* indispensabili per affrontare la concorrenza sempre più globale. Per questo il concetto di solidarietà organica, che unifica finalità (in questo caso economiche) e modalità (in questo caso la società di persone) è ancora tanto utile ed essenziale per i nostri scopi analitici e per le ricadute pratico-gestionali che essi possono avere per le imprese cooperative.

E ciò per la ragione che la partecipazione democratica intesa come controllo dei risultati della tecnostruttura elettiva realizza il principio dell'unificazione gestionale prima ricordato.

Alla base di questa concezione, spero che sia evidente, è posta una formulazione della partecipazione come *costo* e come *possibilità* da parte degli attori (dei soci, in questo caso). Soltanto se si abbandona il mito della partecipazione come tendenza naturale, si può intendere il complesso organico e dinamico di quella specifica forma d'impresa che è la cooperativa.

Ma v'è anche un'altra concezione che è indispensabile far propria per comprendere lo sviluppo e, insieme, la natura di questa forma di impresa. Essa risale alle idee del bene capitale formato anche da risorse cognitive e affettive – e non soltanto fisiche – e delle economie esterne come fattore insostituibile per la formazione degli originari sistemi di impresa.

Il primo concetto è evidente soprattutto nelle cooperative di produzione; il secondo è connaturato a tutte le cooperative primigenie e a quelle di consumo in pressoché tutte le fasi del loro sviluppo (nonché alle imprese "originarie" di qualsivoglia ragione sociale). Si può trarre una indicazione della *specificità* cooperativa: essa va ricercata, a parere mio, nella maggiore capacità di produrre integrazione e controllo che l'impresa cooperativa rende manifesta a confronto dell'impresa capitalistica e di quelle delle economie burocratiche-statizzate. Ciò deriva dalla sinergia che si produce tra tendenza al reinvestimento e società di persone e non di capitali, che produce un'economia dei costi gestionali, ponendo le basi (non risolvendo di per sé) del controllo generalizzato delle prestazioni dell'impresa, attraverso, appunto, la partecipazione democratica e meritocratica.

Da quanto ho fin qui detto mi pare emerga in tutta evidenza l'assunto per il quale non è giusto rintracciare in una *virtus* culturale l'essenza distintiva del fenomeno cooperativo, se non alle sue origini, nella fase di formazione. Tra le scelte contrapposte – quali il ricorrere alla lotta sindacale, il cercare una soluzione individualistica, il fondare una cooperativa – per acquisire beni non raggiungibili o scarsi (un migliore livello di vita, il lavoro, un basso prezzo dei consumi e dei crediti) come può spiegarsi l'emergere della strategia diretta a fondare, appunto, una cooperativa? Soltanto un impeto ideale, una motivazione etica specifica e originale può dar vita a questa scelta, irriducibile a una dimensione utilitaristica.

Tale motivazione rimane attiva e presente più di quanto non si pensi e più di quanto non si pensi continua a fecondare il terreno su cui si sono piantati alberi e cespugli di una grande foresta: le imprese cooperative.

Ma di per sé, come ho cercato di far intendere, quell'impulso e quel momento spiegano assai poco dello sviluppo cooperativo dell'impresa.

Ciò non implica che non abbia una rilevanza grandissima studiare la "cultura" dell'impresa cooperativa, come di qualsiasi organizzazione. L'integrazione tra strategia e struttura nel rapporto dinamico con l'ambiente di mercato e non di mercato è possibile grazie all'agire in forma organizzativa di un sistema di senso per gli attori. S'usa chiamarlo "cultura", nell'eccezione semantica di *mores* (costumi, miti e riti). Ma essendo le imprese – cooperative e non – organizzazioni specifiche delegate dalla divisione sociale a produrre sovrappiù (profitti, valore aggiunto che dir si voglia) esse hanno uno scopo, per perseguire il quale occorrono specifiche "razionalità": anch'esse sono "cultura" nel significato di "Kultur", di sapere accumulato, sapere tecnologico, economico, organizzativo.

E questo magma di culture è il patrimonio genetico d'ogni impresa, che ci fa dire che ogni impresa possiede più culture. Patrimonio che è alla base, ma non è la stessa cosa, della *cultura distintiva dell'impresa*, della sua *missione*, volta a volta riaffermata e insieme ridefinita dalla leadership, superando quelle diffuse culture. Nella cooperazione si hanno tutti i presupposti affinché tale affermazione e ridefinizione avvenga su larga base, sul presupposto dell'informata consapevolezza. Essa è l'elemento decisivo dell'ascesa morale e intellettuale che può realizzarsi per tramite dell'impresa cooperativa.

RIFERIMENTI BIBLIOGRAFICI

AA.VV., *Developing Successful. Worked Co-operatives*, Londra 1988.

AA.VV., *L'autogestione nell'industria. Analisi di alcune esperienze*, Bari 1978.

AA.VV., *L'économie dirigé*, Parigi 1934.

AA.VV., *Second mélanges d'économie politique et sociale offerts à Edgard Milhaud. Thème: L'économie collective*, Liegi 1960.

Alchian A., Dernsetz H., *Production, Information Cost and Economic Organization*, "American Economic Review", 1972, n. 62.

Amato G., *Economia politica e istituzioni in Italia*, Bologna 1976.

Amato G., *Il governo dell'industria in Italia*, Bologna 1972.

Association Internationale pour la protection légale des travailleurs. *Compte rendu du 1902, 1904, 1912*, Parigi 1902, 1904, 1912.

Association pour prevenir les accidents des Machines. *Compte rendu de la seconde période triennale 1870-1873*, Mulhouse 1875.

Attwood D.W., Baviskar B.S., *Who Share? Cooperatives and Rural Development*, New Delhi 1988.

Baranovsky T., *Les fondaments sociaux de la coopération*, Parigi 1912.

Barbadoro L., *Storia del sindacalismo italiano dalle origini al fascismo*, vol. I, Firenze 1973.

Barnard C.I., *The Functions of Executive*, Cambridge (Mass) 1938.

Basevi A., *Luigi Luzzatti cooperatore*, "Rivista della cooperazione", 1952, n. 3.

Bassi E., *I problemi della cooperazione*, Milano 190.

Belletti G., Bolognesi D., *La Cmc di Ravenna*, in AA.VV., *L'autogestione nell'industria. Analisi di alcune esperienze*, Bari 1978.

Ben Ner A., *Producer Cooperatives: Why Do Exist in Capitalist Economies?*, in AA.VV., *The Non profit Sector. Researche Handbook*, New Haven 1987.

Bianco I., *Il movimento cooperativo italiano. Storia e ruolo nell'economia nazionale*, Milano 1975.

Bissolati L., *Cooperazione e socialismo*, "Critica sociale", 1891, n. 1.

Blumberg P., *Sociologia della partecipazione operaia*, Milano 1972.

Bobbio N., *Saggi sulla scienza politica in Italia*, Bari 1977.

Bonazzi G., *Il degrado delle organizzazioni come problema di teoria e di ricerca sociologica*, in Statera G. (a cura di), *Consenso e conflitto nella società contemporanea*, Milano 1983.

Bonfante G., *Il concetto di mutualità. Lineamenti evolutivi e prospettive di riforma delle cooperative*, "Democrazia e diritto", 1977, n. 2.

Bravo G.L., *La solidarietà difficile: problemi della cooperazione contadina*, Padova 1972.

Briganti W., *Cooperazione e monopoli*, "Critica economica", agosto 1955.

Briganti W., *Il movimento cooperativo in Italia 1926-1962*, Roma-Bologna 1978.

Brighi G., *Cooperazione e democrazia: l'esperienza della cooperazione agricola braccantile del ravennate*, in Guaraldo G., *Cooperazione, democrazia, lotta contadina. Materiali per una discussione sulla democrazia nelle cooperative e nelle società*, Torino 1976.

Carboni C., *Impresa cooperativa e autogestione. Ipotesi per un dibattito*, "Quaderni di sociologia", 1978, n. 1.

Carboni C., *Indagine sulle cooperative di produzione e lavoro nelle Marche*, in *Atti del convegno sull'impresa cooperativa*, Bologna 18 dicembre 1976, mimeo, sip.

Carpanelli F., *Introduzione*, in AA.VV., *L'autogestione nell'industria. Analisi di alcune esperienze di imprese cooperative in Italia*, Bari 1978.

Castagno G., *1854. Centenario dell'Alleanza cooperativa torinese (Storia di una cooperativa)*, Torino 1954.

Cavalieri E., *Le cooperative di produzione e lavoro nelle Romagne*, "Nuova Antologia di Scienze, Lettere e Arti", vol. XX, 1889, ora in Briganti W., *Il movimento cooperativo in Italia 1926-1962*, Roma-Bologna 1978.

Cingolani S., *Il settore di produzione e lavoro*, in AA.VV. *L'autogestione in Italia. Realtà e funzione della cooperazione*, Bari 1975.

Coase R.M., *The Nature of the Firm*, "Economic", 1937, n. 4.

Cole G.D.H., *Democracy and Authority in the Cooperative Movement*, Londra 1953.

Compte rendu du 1ᵉʳ Congrés International de l'économie collective, Gèneve, 28-31 mai 1953, "Les Annales de l' Economie Collective", gennaio-giugno 1954.

Corduas C., Sapelli G., *L'impresa, l'anima e le forme. Autocostruire la comunicazione interna*, Milano 1996.

Cornfort C., Thomas A., Lewis J., Spear R., *Developing Successful. Worker Co-operatives*, Londra 1988.

Cova A., *Un contributo all'evoluzione economica di un centro dell'alto milanese: la Cassa rurale di Busto Gandolfo dalle origini al 1914*, "Cooperazione di credito", 1979.

Cugno F., Ferrero M., *Il problema degli incentivi al lavoro nella produzione cooperativa*, in Zamagni S. (a cura di), *Imprese e mercati*, Torino 1991.

Dal Pane L., *La cooperazione e la scienza economica italiana*, in AA.VV., *Nullo Baldini nella storia della cooperazione*, Bologna 1966.

de Boyve E., *Histoire de la coopération a Nîmes et son influence sur le mouvement coopératif en France*, Parigi 1889.

Degl' Innocenti M., *Storia della cooperazione in Italia 1886-1925*, Roma 1977.

De Man I I., *La joie au travail*, Parigi 1930.

Desroche H., *Autogestione, partecipazione e associazionismo cooperativo*, in Bellasi P., La Rosa M., Pellicciari G. (a cura di), *Fabbrica e società. Autogestione e partecipazione operaia in Europa*, Milano 1972.

Desroche H., *La démocratie coopérative en Angleterre*, "Coopération", 1954, n. 2.

Desroche H., *La gestion des coopératives*, "Informations coopératives", 1976, n. 3.

Desroche H., *Mouvement coopératifet stratégie du développement*, Parigi 1964.

Desroche H., Meister A., *Une communauté de travail dans la région Parigienne*, "Communauté et vie coopérative", 1955, n. 5.

Dreyfus M., Gibaud B. (a cura di), *Mutualités de tous les pays. "Un passé riche d'avenir"*, Parigi 1995.

Durkheim E., *La divisione del lavoro sociale*, Milano 1971.

Echevarria A.M., *La sociedad cooperativa*, Barcelona 1983.

Etzioni A., *The Spirit of Community*, New York 1993.

Faccipierri S., *Divisionalizzazione e apprendimento manageriale: una nuova tesi su strategia e struttura*, "Economia e politica industriale", 1981, n. 32.

Farneti P., *Sistema politico e società civile. Saggi di teoria e di ricerca politica*, Torino 1971.

Franceschelli M., *L'assalto del fascismo alla cooperazione italiana*, Roma 1949.

Galletti V., *Cooperazione, forza anticrisi*, Milano 1975.

Galletti V., *Cooperazione: partecipazione e riforme*, Bologna 1977.

Garavini R., Leon P., *Il movimento delle cooperative manifatturiere. Tendenze e politiche di sviluppo*, dattiloscritto1981.

Ghersi I., *Piccole industrie*, Milano 1898.

Ghezzi Fabbri L., *Crescita e natura delle casse rurali cattoliche*, "Quaderni storici", settembre-dicembre 1977.

Giannola A., *Impresa cooperativa ed analisi economica neoclassica: una critica della recente letteratura*, "Giornale degli economisti", 1973, n. 2.

Gide C., *Cours de économie politique*, Parigi 1922.

Gide C., *Gli economisti e il cooperativismo*, "Rivista della cooperazione", 1957, n. 1-2.

Gide C., *L'Alliance Coopérative Internationale*, Parigi 1905.

Gide C., *Les colonies communistes et coopératives*, Parigi 1927-1928.

Godelier M., *L'énigme du don*, Parigi, 1996.

Guelfat I., *Quelques problèmes de la théorie économique de la coopération. Six conférences à l'Eco le Pratique des Hautes Etudes*, mimeo 1954.

Halford J., *The International Co-operative Alliance. Its Aims and Work*, Londra 1903.

Heathfiled D.F. (a cura di), *The Economics of Co-odetermination*, Londra 1977.

Ica, *Co-operative Housing. Ica Housing Committee*, Berlino 1980.

Ica, *Open Asian Conference on Co-operative Management. Report and Papers: Singapore 1977, Bangkok 1978, Kuala Lumpur 1979, Manila*

1981, pubblicati ogni anno dal Reginal Office & Education Centre for South-East Asia, Nuova Delhi.

Ica, *Regional Office & Education Centre for South-East Asia, New Delhi, How to Improve the Effictiveness of National Co-operative Organisations. Report and Papers, Seminar of New Delhi, February 4-14 1980*, New Delhi 1980.

Ica, *Reports of International Co-operatives Congress*, Londra 1971.

Infield H.F., *Coopératives communautaires et sociologie expérimentale*, Parigi 1955.

Infield H.F., *Utopia and Experimenta*, Londra 1955.

Jensen M., Meckling W., *Rights and Production Functions: An Application to Labor Managed Firm and Codetermination*, "Joumal of Labor and Economies", 1979, n. 3.

Jones J., *Producer Cooperatives in Industrialised Western Economies*, "British Journal of Industrial Relations", 1980, n. 3.

Jossa B., *La teoria economica delle cooperative di produzione: un'analisi introduttiva*, "Rivista della cooperazione", 1982, n. 11.

Konopnicki M., Vandewalle G. (a cura di), *Co-operation as an Instrument for Rural Development. Papers from an International Conference organised at Ghent University (Belgium) 21-24 Septembre 1976*, Ghent 1978.

Krasheninnikov A.I., *The International Co-operative Alliance. Past, Present and Future*, Mosca 1988.

Lacroise, *Le comportement des coopérateurs dans l'Est de la France*, "Coopération", 1958, n. 6.

Lambert P., *Explications sur la doctrine coopérative*, in AA.VV., *Second mélanges d'économie politique et sociale offerts à Edgard Milhaud. Thème: L'économie collective*, Liegi 1960.

Lambert P., *La doctrine coopérative*, Ginevra 1958.

Leon P., *Impresa capitalistica e impresa cooperativa*, "L'impresa", 1983, n. 5.

Leon P., *L'economia della domanda effettiva*, Milano 1981.

Leon P., *Riflessioni sul comportamento economico dell'impresa cooperativa*, in *Atti del convegno sull'impresa cooperativa e sul sistema produttivo*, mimeo, 1976.

Leroy-Beaulieu P., *Essai pur la répartition des richesses*, Parigi 1881.

Leroy-Beaulieu P., *La question ouvrière au XIX siècle*, Parigi 1882.

Leroy-Beaulieu P., *Le collectivisme*, Parigi 1884.

Les Leçons de Charles Gide au Collège de France (1924) et Albert Thomas au Congrés coopératif international de Gand (1924), "Les annales de l'économie collective", settembre-novembre 1952.

Linblom C., *The World's Political Economic Systems*, New York 1977.

Lorenzoni G., *La cooperazione agraria nella Germania moderna*, vol. II, Trento 1901-1902.

Luzzatti L., *I problemi della cooperazione di produzione e lavoro*, in Basevi A., *Luigi Luzzatti cooperatore*, "Rivista della cooperazione", 1952, n. 3.

Maggi B., *Organizzazione, teoria e metodo. Guida all'indagine sui problemi organizzativi*, Milano 1977.

Marglin S.A., *Knowdlege and Power*, "Economic and Work Organizations", 1982.

Marglin S.A., *What do Bosses do? The Origins and Functions of Hierarchy in Capitalist Production*, "Review of Radical Political Economic", 1974, n. 6.

Marletti C., *Sviluppo e struttura. Contributi di analisi sociologica*, Roma 1970.

May J., *International Cooperative Alliance: its History, Aims, Constitution and Governement*, Londra 1927.

Mead Y.E., *The Theory of Labour-Managed Firms and of Profit Sharing*, "Economic Journal", 1972, n. 82.

Meister A., *Associations coopératives et groupes de loisir en milieu rural*, Parigi 1957.

Meister A., *Atti della Assemblea Costituente, Seduta del 14 maggio 1947*, Roma 1947.

Mendès-France P., *La Banque Internationale*, Parigi 1930.

Miceli G., *Relazione introduttiva al I congresso dell'Associazione delle cooperative agricole*, Roma 1957, ora in Briganti W., *Il movimento cooperativo in Italia 1926-1962*, Roma-Bologna 1978.

Miglierina C., *Giro di boa: finisce dopo venticinque anni l'era di Malfettani*, "Cooperare", 1975, n. 2.

Moretto M., Rossini G., *Prevarranno sempre le imprese capitalistiche? Le risposte della letteratura*, "L'industria", 1996, n. 3.

Muller H., *Der Internationale Genossenschaftskongress in Budapest und seine Resultate*, Basilea 1905.

Muller H., *Le mouvement coopératif International exposé dans son développement historique*, in *Annuaire du mouvement coopérative International. Publié au nome du Comité Centrale de l'Alliance Coopérative Internationale*, Londra 1912, pp. 1-139.

Niccoli V., *Cooperative rurali*, Milano 1909.

Nonnan R., *Le condizioni dello sviluppo dell'impresa*, Milano 1972.

Notre grand Charles Gide, "Le christianisme social", maggio-giugno 1933, numero speciale.

Novella A., *La posizione dei comunisti*, in *Il convegno dei cooperatori comunisti*, Roma 1949; e in Briganti W., *Il movimento cooperativo in Italia 1926-1962*, Roma-Bologna 1978.

Oit, *Trente ans de combat pour la justice sociale. 1919-1949*, Ginevra 1950.

Ostergaard G.N., *Member Partecipation in Cooperatives Copartnership*, in *Cooperative Year Book 1957*, Leicester 1957.

Ostergaard G.N., Halsey A.H., *Power in Cooperative. A Study of Democratic Control in British Society*, Oxford 1965.

Ouchi W.C., *Markets, Bureaucracies and Clans*, "Administrative Science Quarterly", 1983, n. 25.

Owen R., *A Dialogue in Three Parts Between the Founder of the Association of All Classes of All Nations and a Stranger Desirous of Being Accurately Informed Respecting its Origin and Objects*, Manchester 1838.

Pantaleoni M., *Erotemi di economia*, Bari 1925.

Pantaleoni M., *Esame critico dei principi teorici della cooperazione*, "Erotemi di economia", vol. II, Bari 1925.

Pascoe Watkins W., *L'Alliance Coopérative Internationale. 1895-1970*, Londra 1971.

Penrose E.T., *La teoria dell'espansione dell'impresa*, Milano 1973.

Pernigotti P., *La cooperativa di macchine utensili WMT di Torino*, in AA.VV., *L'autogestione nell'industria. Analisi di alcune esperienze di imprese cooperative*, Bari 1978.

Pittoni V., *La cooperazione di produzione*, "La cooperazione italiana", 27 febbraio 1922.

Pizzorno A., *Scambio politico e identità collettiva nel conflitto di classe*, "Rivista italiana di scienza politica", 1977, n. 2, p. 169; saggio poi compreso in Crouch C., Pizzorno A. (a cura di), *Conflitti in Europa. Lotte di classe, sindacati e Stato dopo il '68*, Milano 1978.

Pizzorno A., *Sulla razionalità della scelta democratica*, "Stato e Mercato", 1983, n. 7.

Polany K., *La grande trasformazione*, Torino 1974.

Rabbeno U., *In guerra contro le cooperative di consumo*, "La cooperazione rurale", 16 ottobre 1890, ora in Briganti W., *Il movimento cooperativo in Italia 1926-1962*, Roma-Bologna 1978.

Rabbeno U., *Le società cooperative di produzione. Contributo allo studio della questione operaia*, Milano 1889.

Rhodes R., *The International Co-operative Alliance During War and Peace*, Ginevra 1995.

Riguzzi B., Porcari G., *La cooperazione operaia*, Torino 1925.

Rodino L., *Le società cooperative di produzione nelle industrie*, Novara 1886.

Rodolfi E., Romei P., *Partecipazione ed efficienza nella gestione delle imprese cooperative: analisi di un caso e ipotesi di ricerca*, "Studi organizzativi", 1976, n. 4.

Romagnoli V., *Atti del convegno sull'impresa cooperativa*, Bologna 18 dicembre 1976, mimeo, SIP.

Sabel C., Zeitlin J., *Alternative storiche alla produzione di massa*, "Stato e Mercato" 1982, n. 5.

Sapelli G., *Come gestire una cooperativa ereditaria*, "L'impresa", 1983, n. 3.

Sapelli G., *Considerazioni sulla attuale discussione del non profit*, "Il risparmio", 1996, n. 6.

Sapelli G., *Gli organizzatori della produzione tra struttura d'impresa e modelli culturali*, in *Storia d'Italia. Annali. Intellettuali e potere*, Torino 1981.

Sapelli G., *Impresa industriale e impresa bancaria. Note per uno studio comparato*, "Annali XXII della Fondazione G. Feltrinelli", Milano 1983.

Sapelli G., *La Cmb e la sua storia (1904-1976). Integrazione, organizzazione e sviluppo*, Modena 1983.

Sapelli G., *La cooperazione come impresa: mercato economico e mercato politico*, in G. Sapelli (a cura di), *Il movimento cooperativo in Italia. Storia e problemi*, Torino 1981.

Sapelli G., *La cooperazione: dalla crisi economica alla teoria dell'impresa (una nota anti-neoclassica)*, "Economia e politica industriale", 1984, n. 44.

Sapelli G., *La cooperazione durante il fascismo. Organizzazione delle masse e dominazione burocratica*, in Fabbri F. (a cura di), *Il movimento cooperativo nella storia d'Italia*, Milano 1983.

Sapelli G., *La cooperazione e il fascismo: organizzazione delle masse e dominazione burocratica*, in Fabbri F. (a cura di), *Il movimento cooperativo nella storia d'Italia. 1854-1975*, Milano 1979.

Sapelli G., *La direzione d'impresa tra economia e politica*, "Stato e Mercato", 1984, n. 10.

Sapelli G., *L'analisi economica dei comunisti italiani durante il fascismo*, Milano 1978.

Sapelli G., *La piccola e la media impresa tra rappresentanza degli interessi e sviluppo economico*, in Ferrero F., Scamuzzi S. (a cura di), *L'industria italiana. La piccola impresa*, Roma 1979.

Sapelli G., *Note sulle cause economiche e organizzative della struttura cooperativa federale*, mimeo, Trento 1991.

Sapelli G., *Per una cultura dell'impresa. Strategia e sapere del management moderno*, Milano 1987.

Sapelli G., Zan S., *Costruire l'impresa. La Cmc*, Bologna 1987.

Schaik E., *Konsumvereinswesen*, Graz 1948.

Serpieri A., Sella E., *Federazione italiana dei consorzi agrari, Inchiesta sulle affittanze collettive in Italia*, Piacenza 1906.

Simmel G., *La filosofia del denaro*, Torino 1964.

Stefanelli R., *Un'interpretazione*, in AA.VV., *L'autogestione in Italia. Realtà e funzione della cooperazione*, Bari 1978.

Tacchi E.M., *Aspetti organizzativi dell'impresa cooperativa*, "Studi organizzativi", 1978, n. 5.

Tamagnani G., *Della nozione economica di cooperazione. Contributo alla definizione della cooperazione*, "Rivista della cooperazione", 1954, n. 3-4.

Thomas H., Logan C., *Mondragon: An Economic Analysis*, Londra 1982.

Thornton G., *Del lavoro, delle sue pretese e dei suoi diritti*, Firenze 1875.

Tombini L., *La Nova di Roma*, in AA.VV., *L'autogestione nell'industria. Analisi di alcune* esperienze di *imprese cooperative*, Bari 1978.

Tonnies E., *Comunità e società*, Torino 1961.

Tosi V., *Economia industriale*, Milano 1920.

Trezzi L., *Sindacalismo e cooperazione dalla fine dell'Ottocento all'avvento del fascismo*, Milano 1982.

Usui T., *A ComParigion of Agricultural Credit Co-operative Systems and Functions in France, Federai Republic of Germany and Japan, Ica Studies and Reports*, Londra 1982.

Valenti G., *L'associazione cooperativa*, Modena 1902.

Valenti G., *Principi di scienza economica*, Firenze 1918.

Vallon L., *Socialisme expérimental*, Parigi 1936.

Vanek J., *The General Theory of Labor-Managed Market Economies*, Ithaca 1970.

Vansittart Neale E., *Proposal for an International Alliance of the Friends of the Cooperative Production*, Londra 1892.

Ventura A., *La Federconsorzi dall'età liberale al fascismo: ascesa e capitolazione della borghesia agraria 1892-1932*, "Quaderni storici", settembre-dicembre 1977.

Vergnanini A., *Oggi e domani nel pensiero di un cooperatore*, Como 1922.

Vienney C., *Vers une analyse économique du secteur coopératif*, "International Archives of Sociology of Cooperation", 1960, n. 8.

Vitale G., *L'integrazione nei consorzi*, in AA.VV., *L'autogestione in Italia. Realtà e funzione della cooperazione*, Bari 1975.

Wagner A., *Communitarism: A New Paradigm of Socio-economic Analysis*, "The Journal of Socio-Economics", 1995, n. 4.

Walker F.A., *The Wages Question*, New York 1876.

Ward B., *The Firm in Illyria: Market Syndicalism*, "American Economic Review", 1958, n. 48.

Weber M., *Economia e società*, vol. I, Milano 1968.

Williarnson O.L., *Transaction Cost Economics. The Government on Contractual Relations*, "Journal of Loward Economics", ottobre 1979.

Wollenborg L., *Scritti e discorsi di economia e finanza*, Torino 1935.

Wood A., *Una teoria dei profitti*, Milano 1979.

Woolf H., *L'Alliance Coopérative Internationale, sa fondation et son développement dans le manuel pour le septième congrés coopératif de Cremona*, Bale 1907.

Zan S., *La cooperazione in Italia: struttura, strategia e sviluppo della Lega nazionale cooperative e mutue*, Bari 1982.

Zan S., *Organizzazione e rappresentanza. Le associazioni imprenditoriali e sindacali*, Roma 1992.

INDICE ANALITICO

INDICE

www.ingramcontent.com/pod-product-compliance
Lightning Source LLC
Chambersburg PA
CBHW021923190326
41519CB00009B/893